T0243717

Atrapados en el amor

Manuel Villegas

Atrapados en
el amor

La dependencia afectiva

herder

Diseño de la cubierta: Toni Cabré

© *2022, Manuel Villegas*
© *2023, Herder Editorial, S.L., Barcelona*

ISBN: 978-84-254-5019-8

Imprenta: Qpprint
Depósito legal: B-23.329-2022
Impreso en España - Printed in Spain

herder

Índice

1. El amor

Hay tres tipos diferentes de amor.
Primero está *eros:* la pasión.
Luego, *philia:* la amistad.
Finalmente, *agápe:* el amor desinteresado.

ANDRÉ COMTE-SPONVILLE

LA EXPERIENCIA AMOROSA

Con frecuencia se le reconoce a la experiencia amorosa un poder transformador rayano en la locura, por el que las personas sienten perder sus límites o su identidad y entrar en un estado fusional semejante a la disolución de sí mismo. Esta experiencia la refieren los enamorados, de igual manera que los místicos, como una sensación de éxtasis que predispone al abandono y la entrega total.

Sobre la disolución inicial de las fronteras individuales, producida por la fuerza del enamoramiento, se construye la posibilidad de una vinculación más fuerte que la que originariamente unía al niño con sus padres. Esta nueva entidad, producto de la fusión amorosa, da lugar al emparejamiento.

La ventaja evolutiva de esta pulsión erótica está evidentemente relacionada con la posibilidad de establecer las condiciones para continuar la función procreadora de la especie, dotando a dos individuos de la atracción suficiente como para unirse de un modo más o menos duradero, adecuado a este fin. Está claro que para la consecución de los fines procreadores bastaría con una unión sexual esporádica, pero la complejidad de la crianza ha llevado a los humanos a buscar formas más complejas de relación para asegurar el proceso y el suministro continuado del sustento necesario a las crías: alimento, cobijo, protección. Estos objetivos, sin embargo, se pueden conseguir de formas muy variadas, tal como demuestran las distintas modalidades de organización familiar descritas por los estudios antropológicos. Así, para asegurar la continuidad de la función procreadora bastaría con el impulso y la atracción sexuales, no siendo necesaria para ello una experiencia tan extraordinariamente devastadora como el enamoramiento.

De hecho, los animales no se enamoran; entran y salen de periodos de celo de forma autorregulada, estableciendo uniones más o menos sólidas, estables o pasajeras según las especies, subordinadas a las funciones de la crianza, pero sin experimentar la pasión del amor, aunque a veces la lucha por conseguir la preferencia de las hembras pueda implicar auténticas batallas. A este comportamiento, sin embargo, no le podemos llamar amor si no es por analogía antropomórfica: carece de los sentimientos y de las proyecciones que los humanos depositamos en él. Solo el ser humano se rinde a la seducción de Eros.

¿Pero en el concepto de Eros se agota la idea de amor? La cita con la que encabezamos este capítulo nos permite introducir este diálogo entre Víctor Amela y el filósofo André Comte-Sponville (2012), en el que se expone de modo muy claro qué debe entenderse por amor.

VÍCTOR AMELA: ¿Qué fue primero, el sexo o el amor?
ANDRÉ COMTE-SPONVILLE: Para la especie, el sexo. Para el individuo, el amor.
V.A.: ¿Cómo es eso?
A.C.S.: Un acto sexual te trajo aquí, pero lo primero que descubriste aquí fue el amor de tu madre.
V.A.: Y, más tarde, el sexo.
A.C.S.: Una pulsión corporal que, sublimada en sentimiento, deviene amor.

V.A.: ¿El amor es hijo del sexo?

A.C.S.: La pulsión es general e indeterminada, la sientes por muchas personas; lo que hace el amor es singularizarla en una sola.

V.A.: Pero la pulsión no se extingue.

A.C.S.: El amor eleva al amado a un pedestal... Pero el sexo con él será igual a como sería con otro. ¡Y esta tensión es muy deleitable!

V.A.: Y así todos los hombres y mujeres.

A.C.S.: Y las mujeres inventaron el amor. A una humanidad solo masculina le hubiese bastado el sexo, la guerra y el fútbol. Para ellas no era suficiente: amaron a sus hijos. Y enseñaron a amar a sus parejas y a sus hijos. Una mujer nos ha enseñado a todos a amar.

V.A.: ¿Cuánto dura el amor?

A.C.S.: La pasión erótica —eros— dura un año o dos, ¡pero la pareja puede durar indefinidamente!

V.A.: ¿Sin pasión erótica?

A.C.S.: Con *philia*, que es un modo de amor.

V.A.: Explíqueme esto.

A.C.S.: El amor nace del deseo... de la falta del otro. Si tienes a ese otro, ya no hay carencia, y sin carencia ya no hay deseo, y sin deseo...

V.A.: Se murió el amor.

A.C.S.: Lo resume la tristísima frase de Schopenhauer: «La vida oscila entre el sufrimiento y el tedio». O sea, entre el deseo de lo que falta y la falta de deseo.

V.A.: Pues menudo desastre, ¿no?

A.C.S.: No, porque Schopenhauer puede superarse con Spinoza: puedes pasar del *amor-eros* al *amor-philia*, amor a lo que no falta, deseo de lo que tienes. ¡Son las parejas felices! Pasan de la pasión a la alegría constante de estar con el otro. Y la pareja deviene una aventura erótica más gratificante que la aventura pasajera.

LOS COMPONENTES DEL AMOR

Entonces, ¿qué es lo que lleva a los seres humanos a enamorarse? Posiblemente el hecho de que el amor cumple diversas funciones simultáneas, mucho más allá de las estrictamente previstas por la naturaleza. Algunas se hallan claramente inscritas en ella, como la continuidad de la especie; otras se sitúan a caballo entre las expectativas naturales y las sociales, como la consecución de prestigio, belleza, fama, poder, dominio, seguridad y autoestima, valores que a su vez representan un reclamo o atractivo para posibles parejas; otras se ven afectadas por condiciones ambientales o circunstanciales más o menos pasajeras o estables; otras, finalmente, se remiten a características personales, expectativas y fantasías que solo pueden entenderse en una perspectiva simbólica e idiosincrásica, como dice Punset (2007): «de algún modo te enamoras de una invención de tu cerebro».

Entre estas diversas funciones están, por ejemplo, las modalidades que algunos psicólogos sociales (Hendrick y Hendrick, 1986; Lee, 1973), han descrito sobre la manera de concebir la relación amorosa:

- *Eros,* basada en la atracción física, la intensidad emocional y la relación apasionada;
- *Ludus,* orientada a la diversión, la promiscuidad y la diversificación de las experiencias;
- *Storge,* fundamentada en la amistad y la lealtad;
- *Pragma,* planteada en base a la conveniencia referida a todos los aspectos de la vida;
- *Manía,* obsesionada por la dependencia hacia el amante;
- *Agápe,* centrada en la felicidad y el bienestar de la persona amada.

Desde una perspectiva más intimista, el profesor de Psicología en la Universidad de Yale, Robert Sternberg (1989, 2002), propone una visión triangular de los componentes del amor, cuyos tres lados serían:

- Pasión: activación neurofisiológica o emocional que lleva al romance, la atracción física y la interacción sexual.
- Intimidad: sentimiento de cercanía que obtiene una pareja que se atreve a asumir el riesgo mutuo de mostrar sus sentimientos y pensamientos más íntimos.

- Compromiso: decisión de amar a alguien (al principio) y a mantener (después) una relación que se está desarrollando.

La práctica coincidencia entre estos y otros autores, provenientes del ámbito de la filosofía, la psicología o la sociología, en identificar estos tres componentes básicos del amor, puede ponerse de manifiesto en la siguiente figura, que sienta las bases para la comprensión de la dinámica de las relaciones amorosas de la pareja y que debe sustentarse sobre la base de la autoestima ontológica (Villegas y Mallor, 2015), sin la cual *eros* se convierte en fusión, *philia* en dependencia y *agápe* en sacrificio estéril.

FIGURA I (M. VILLEGAS Y P. MALLOR)

La mirada filosófica sobre el amor, a la que se adscriben los comentarios anteriores, es ajena a la función reproductora y se centra más bien en el análisis de la relación entre los amantes, como lo atestigua, por ejemplo, el interés por el amor homosexual en la antigüedad clásica, puesto que el objeto de su curiosidad es la comprensión del fenómeno del amor al preguntarse qué atrae a los enamorados a querer estar juntos hasta desear fusionarse en un solo ser.

Sin embargo, la razón por la cual los seres humanos proyectamos tantas expectativas en el amor no parece poder agotarse con ninguna de las categorías anteriores, ni siquiera, tal vez, con la suma de todas ellas. Debe haber algún motivo más profundo por el cual se le otorga al amor la capacidad de producir no solo el placer momentáneo, asociado al orgasmo sexual, o a la satisfacción del «gen egoísta» (Dawkins, 1993), como postula la sociobiología, según la propuesta de Wilson (1975), sino la felicidad, entendida como un estado de plenitud y goce indefinible. El paroxismo atribuido al poder del amor es tan elevado que, en su máxima expresión, se ve llevado a los límites de la pérdida de la razón: «*Per amor venne in furore e matto, l'uom che sì saggio era prima stimato*» («Por amor cayó en la insania y la locura, aquel hombre que antes tan sabio era considerado») dice el Ariosto, a propósito de *Orlando furioso* (1532).

Subyace, por otra parte, a la idea del amor, el anhelo de la disolución en la muerte, cuya expresión culminante se encuentra en los versos místicos de Teresa de Ávila (1515-1582): «Vivo sin vivir en mí, / y tan alta vida espero, / que muero porque no muero». O la fantasía de un poder destructor, *mourir d'amour*, que impulsó Freud (1920, 1923) a emparejar Eros y Thanatos, el amor y la muerte.

La dimensión pasional erótica representa para el género humano un desafío a la mortalidad, creando una ilusión de inmortalidad que tiene que ver no solo con la propia perpetuación a través de la descendencia, sino con la unión amorosa, por la que la angustia existencial de muerte parece diluirse en la fusión de los cuerpos y las almas. La ausencia de la conciencia de muerte hace que las relaciones sexuales de los animales o las aventuras amorosas de los dioses del Olimpo carezcan de pasión o dramatismo. Solo cuando Zeus se acuesta con una mujer mortal, como Ío o Leda, la historia adquiere una dimensión trascendente.

El amor es el producto del encuentro fecundo entre mortalidad e inmortalidad, entre dioses y humanos. Por ello la práctica sexual, desprovista de erotismo, tal como en la prostitución o la pornografía, se vuelve algo vacío, carente de significado, aburrido y mecánico o, inversamente, compulsivo y adictivo.

Del mismo modo, el miedo a no poder controlar la pasión o a ser devorados por la dialéctica entre amor y muerte puede ser lo que lleva a algunas personas, como la paciente del siguiente fragmento, Ana, mujer de 54 años, a protegerse del erotismo:

TERAPEUTA: *¿Enamorada estabas?*
ANA: *No* (silencio), *quizá esto también sea esa tristeza que llevo dentro. Nunca me he dejado, no me he dado la oportunidad de enamorarme; no sé por qué, no sé...*
T.: *Parece que no te lo has permitido.*
A.: *No, no me lo he permitido.*
T.: *¿Qué implicaba enamorarse?*
A.: *Pues no lo sé... Sí implicaba algo, sí, pues si yo me hubiese enamorado, hubiese sido algo que no hubiera podido controlar. Demasiado, hubiera sido demasiado y me podrían haber hecho mucho daño, entonces he preferido dejarme querer... He querido querer a quien me quisiera. Pero claro, esa no soy yo... Ya te digo que es algo muy fuerte, todo en mi vida es muy fuerte; yo por unos ideales he hecho de todo... Y a la persona de la que me habría podido enamorar no me he acercado... No; creo que me he acercado a personas serias, que no supiesen tratar a la mujer.*

LA FANTASÍA DE LA PLENITUD ORIGINARIA:
EL MITO DEL ANDRÓGINO

Sin embargo, a este poder destructor, que por una parte nos atrae y por otra tememos, se le otorga, paradójicamente, una virtud sanadora o reparadora de carácter ontológico. A través del binomio eros-thanatos encuentra el individuo humano su plenitud o complemento en la fusión amorosa, de modo que la propia angustia de muerte desaparece con ella, puesto que el enamorado identifica esta última como el grado máximo de disolución en el otro, a través de la cual se crea la ilusión de trascendencia del propio ser que llamamos felicidad. ¿Significa eso que el ser humano es, por naturaleza, incompleto y necesita del otro para llegar a ser ontológicamente? Esta es una pregunta de gran calado, puesto que de su respuesta real o ilusoria depende en gran parte la *dependencia afectiva* o, al menos, su justificación psicológica.

El mito de la fusión de los amantes encuentra su antecedente filosófico-literario en el diálogo de Platón *El banquete,* celebrado en honor de Eros. Entre los diversos comensales que comparten con Sócrates la mesa, invitados a loar al dios del amor, se encuentra Aristófanes, el cual basa su discurso en el mito del andrógino. En resumen el discurso de Aristófanes se desarrolla de la siguiente manera:

> Primero, la raza humana constaba de tres géneros, y no de dos como hoy, macho y hembra; había también un tercer género, común de ambos y cuyo nombre queda, aunque él haya desaparecido, el género andrógino. Se realizaba entonces en unidades concretas que participaban de los otros dos —el masculino y el femenino— no solo por el nombre, sino también por su forma… Eran su fuerza y robustez terribles y muy ambiciosos sus pensamientos, de modo que levantaron la mano a los dioses y emprendieron la escalada del cielo para sobreponerse a ellos.

Zeus y los demás dioses celebraron consejo sobre lo que debía hacerse y se encontraban con dificultades: no querían matarlos, pero tampoco soportar su soberbia. Su decisión final fue cortarlos por la mitad. Dividida así la naturaleza humana, continúa Aristófanes en su discurso:

> cada uno se reunía ansiosamente con su mitad. Abrazados, entrelazados, deseando fundirse en una sola naturaleza, morían de hambre y de inacción, porque no querían hacer nada por separado. Y cuando

una de las partes moría quedando la otra en vida, esta buscaba otra mitad cualquiera y la abrazaba… Desde entonces, pues, es el amor recíproco connatural a los hombres, el amor que restituye al antiguo ser, ocupado en hacer de dos uno y en sanar la naturaleza humana. Al deseo y persecución de la plenitud se llama amor… Afirmo pues que nuestra raza humana sería feliz si cada uno encontrara a su propio amado y volviera así a su originaria naturaleza… El Amor es quien nos otorga en nuestro estado presente las mayores gracias, conduciéndonos a lo que nos es propio y es también quien nos depara mayores esperanzas para el futuro, pues él nos restablece en nuestro antiguo ser, nos sana, nos hace bienaventurados y felices.

Dos almas gemelas

Esta es la concepción de la relación de pareja que parece tener Ricardo: la del andrógino (traducido vulgarmente como la «media naranja»), que él plantea con la metáfora de las almas gemelas:

Dos almas gemelas son un solo ser. Son dos personas que se entienden perfectamente, casi solo con mirarse el uno al otro ya saben cada uno lo que quiere el otro. Dos almas gemelas viven el uno por y para el otro. Uno vive para hacer feliz al otro, y el otro para hacer feliz al uno. No se ocupan de sí mismos, se ocupan del otro. Él está para ayudarla y cuidarla incondicionalmente a ella, y ella está para ayudarlo y cuidarlo incondicionalmente a él. Ninguno de los dos manda sobre el otro, los dos obedecen. Los dos durante su vida solo han tenido y tendrán relaciones sexuales entre ellos porque son exclusivamente el uno para el otro en alma, mente y cuerpo. Son dos personas que no pueden vivir la una sin la otra. Son dos personas que se respetan tanto y se conocen tanto que nunca se van a hacer daño ni van a herirse el uno al otro. No se van a castigar ni van a boicotear la relación para conseguir algún beneficio egoísta el uno del otro. Mucho menos se van a invalidar si a uno no le gusta algo del otro o no está de acuerdo. Todo lo contrario, van a intentar comprenderlo y, si no lo comprenden, simplemente van a aceptarlo, porque aman al otro.

> *Dos almas gemelas son dos personas de personalidad, gustos, intereses y aficiones parecidas. Y, sobre todo, son dos personas con objetivos comunes, los cuales permiten llevar a cabo un proyecto de vida que durará hasta la muerte. Dos almas gemelas se ocupan de la casa, de los hijos y de todas las cosas de forma equitativa y conjunta, y si no es del todo así, al menos se complementan en las tareas de manera que ambos se sientan equilibrados y satisfechos en cierto modo en este aspecto. Ambos son tenidos en cuenta y ambos tienen algo que decir en la relación. Ninguno de los dos vive el proyecto del otro, los dos viven el mismo proyecto porque realmente es el mismo.*

El nacimiento de Eros: la dialéctica plenitud-carencia

Cuando Sócrates se decide a tomar su turno en *El Banquete,* después de las intervenciones del resto de comensales, no empieza elogiando el amor, sino que se remite a la historia del nacimiento de Eros, según le fue relatada por la sacerdotisa Diotima.

El día que nació Afrodita, los dioses celebraron un banquete. Al acabar este, Penia, es decir, pobreza, se presentó para mendigar. Vio entonces en el jardín a Poros, es decir, ingenio, riqueza o recursos, embriagado por el néctar y adormecido. Buscando poner remedio a su indigencia, Penia decidió tener un hijo con Poros y, echándose a su lado, concibió a Eros.

Nacido de la pobreza, la carencia, la necesidad o el déficit, Eros busca saciarse de riqueza, belleza o poder. De este modo, Eros es el demonio del deseo, que busca afanosamente aquello de lo que carece y que al enamorarse cree descubrir en el otro el objeto que ha de colmar su indigencia. Lo guía, por tanto, una ambición egoísta y narcisista. Egoísta por cuanto, como hijo de Penia, intenta colmar sus carencias; narcisista, por cuanto al poner en marcha, como hijo de Poros, su ingenio, su astucia y sus recursos, descubre lo mejor de sí mismo.

Eros, pues, nace de la necesidad y el recurso, pero carece de plenitud, es ontológicamente privación. En consecuencia, no puede ser saciado nunca plenamente, puesto que se extinguiría en el mismo acto de colmarse, dejaría de ser deseo. Pertenecen a la dinámica del deseo el anhelo constante, la apetencia insaciable. Independientemente de cuál sea el objeto de su amor, se empeña siempre en su consecución, sin nunca alcanzarlo plenamente; por eso solo es verificable en el mundo de la fantasía, como queda plasmado en la continuación del diálogo con la paciente, Ana, cuya transcripción hemos iniciado más arriba:

T.: *¿Y cómo quisieras que te amaran?*

A.: *Que me hubiesen querido como yo podría querer. Pero claro, no me valía que ellos me amasen como yo hubiese podido querer, si yo no quería, claro… Si a mí me dan mucho cariño, pero si yo no siento hacia la persona lo mismo, pues eso a mí no me llena. Si yo hubiese podido encontrar una persona capaz de amar con un poco de sentimiento… Yo hubiese amado como yo sé amar, pues eso hubiera sido un desmadre* (risas).

T.: *¡Sería un desmadre!* (risas).

A.: *Sí. Y si la persona no me hubiese amado… Pero, bueno, ¡qué conversación…!*

T.: *Ah, pero lo sientes.*

A.: *Sí, pero eso ya lo doy por perdido, yo sé que me moriré y ahí estaré. Aquí es el único sitio donde lo he explicado, mi secreto está aquí, algo que llevaba conmigo, yo ya estaba decidida a morirme con eso y ahora ha salido.*

T.: *Tú al principio tenías el planteamiento de no dejarte enamorar.*

A.: *Sí, por eso, es como si estuviera viviendo una segunda vida ¿no?*

T.: *Esta vida sí que la viviste, cuando eras joven, en fantasía.*

A.: *En sueños, sí.*

T.: *Tú te has enamorado de una fantasía.*

A.: *¿De una fantasía me he enamorado? Pues… sí.*

T.: *Y tienes miedo de llevar esa fantasía a la práctica, porque si la llevaras a la práctica el cuento se habría terminado. ¿Cómo era el final?*

A.: *No era un final feliz. Era un final que yo no quería.*

T.: *¿Qué final querías?*

A.: *En mi fantasía, que no hubiera final. ¿Por qué tenía que haber un final?*

T.: *Así cualquier final es infeliz, porque no tiene por qué haber final.*

A.: *Mis fantasías de amor se las contaba a mis amigas y siempre terminaban, y yo no quería que terminaran. Terminaban cuando yo le daba un máximo a la fantasía. Y me sabía mal que terminasen.*

T.: *¿Cuál es el máximo?*

A.: *Cuando el amor había llegado a la cumbre, a lo más... Bueno, ya se ha terminado el cuento... (risas), Era de película. Eran sentimientos, fantasías... No lo sé, era un amor muy grande, de mucha pasión... (risas). Si yo hubiera sido un hombre hubiera sido un Don Juan Tenorio para que no se terminara el amor.*

LA DINÁMICA DE EROS

El origen genealógico de Eros legitima en la necesidad o carencia sus afanes que le impulsan a buscar de forma totalmente amoral la satisfacción de sus deseos. Por eso se siente con derecho a anhelar, poseer, dominar, sojuzgar, humillar, maltratar o incluso destruir su objeto sin el menor sentimiento de culpa, si este no le corresponde o no lo satisface plenamente. Igualmente, está dispuesto a implorar, suplicar, humillarse, entregarse o someterse a él sin experimentar el menor sentimiento de vergüenza, si esto tiene que desembocar momentánea o imaginariamente en la satisfacción de su deseo.

Hay dos formas de intentar aplacar a Eros. Una, orientada a su satisfacción inmediata, reduciéndolo a su dimensión de carencia: necesidad, deseo o apetito sexual; la otra, buscando su satisfacción completa o definitiva a través del enamoramiento, máxima aspiración de plenitud del espíritu (romanticismo), que constituyen los dos polos de cuya tensión se alimenta el erotismo y que solo se resuelve en la fusión «con» o en la posesión «de» el otro.

♦ El deseo sexual

Como carencia, apetito o deseo, la necesidad sexual es relativamente fácil de satisfacer, siempre que se tenga a mano algún estímulo u objeto disponible, al igual que el hambre o la sed se pueden satisfacer y, por tanto, apagar fácilmente, comiendo o bebiendo, aunque ambas necesidades vuelvan a aparecer de forma recurrente o cíclica en el transcurso del tiempo. Se trata de necesidades básicas que se regulan por mecanismos internos de activación y desactivación y que, como tales, no producen respuestas adictivas o dependientes, a no ser que su motivación responda a la ansiedad y no al hambre.

Los mecanismos que guían la sexualidad «están escritos en el sistema genético, situados en el sistema nervioso, celosamente protegidos, perfectamente determinados» (Alberoni, 2006). La evolución ha ido seleccionando en los humanos los genes que transmiten esa emoción cooperativa vital para forjar una alianza duradera que proporciona más seguridad a la prole.

El amor bioquímico comienza con la segregación de la feniletilamina, que produce excitación. La feniletilamina, combinada con las dopaminas, propicia, incluso antes del intercambio sexual, la confusa euforia y la pasión emocional típica de los enamorados. Pero todavía es más relevante el hecho de que, paralelamente, se inhibe la producción de sustancias cerebrales como la serotonina que antes del enamoramiento contribuían a la estabilización del humor y las emociones, a la vez que se produce la desactivación de zonas específicas del cerebro, como la corteza frontal, causantes de la «ceguera» del amor.

♦ El enamoramiento

La activación de esta serie de mecanismos en los estados de enamoramiento se ha puesto de manifiesto en estudios llevados a cabo a través de resonancia magnética cerebral con personas enamoradas. Helen Fisher (2004), de la Rutgers University, que ha llevado a cabo estos estudios, interpreta los resultados como una forma evolucionada de asegurar la reproducción en los humanos, permitiendo la selección de compañeros con quienes engendrar y criar a la prole.

Para Fisher, la experiencia del enamoramiento puede encararse como un instinto biológico que incluye deseo sexual, amor romántico y apego. Las tres experiencias son distintas entre ellas pero su finalidad es la reproducción exitosa. El deseo sexual nos induce a la caza del compañero, la pasión romántica estrecha el foco y la energía hacia un solo individuo y el apego induce a apegarnos a la pareja para criar a la descendencia.

La necesidad sexual, impregnada de deseo o anhelo del goce inmediato y continuo, da origen a la concupiscencia, la cual pretende reducir el amor a placer carnal, buscando saciarse a través de él. La satisfacción carnal, sin embargo, no es más que un hito sensual del amor. Limitado a su experiencia sensorial, disociado de su significado amoroso se convierte en un placer intercambiable por otros placeres, que colman una apetencia sensible, pero que dejan abierta la herida del deseo de plenitud (May, 1969). Esta solo se imagina en la fantasía de fusión con el objeto amado. De esta fantasía ha nacido el concepto de amor romántico.

EL AMOR ROMÁNTICO

El adjetivo «romántico», aparece por primera vez en Inglaterra, en la segunda mitad del siglo XVII, aplicado, no sin ironía, a cosas que suceden solo en las novelas, fuera de la realidad. La palabra deriva, en efecto, del francés *roman* que significa «novela o fábula» y hace referencia a su carácter fantástico o imposible.

El término romántico, aplicado al amor, se desarrolló posteriormente en el ámbito literario, convirtiéndose en sinónimo de amor exagerado, arrebatado o impregnado de fuertes sentimientos, capaces de imponerse por la fuerza de la pasión a todos y cada uno de los obstáculos que puedan interponerse en su camino, particularmente a los condicionantes familiares o sociales. *Omnia vincit amor* (el amor todo lo supera) según la famosa expresión de Virgilio en las *Bucólicas* (10, 69).

La óptica romántica permite la relectura de ciertas obras literarias, como *Romeo y Julieta*, de Shakespeare, desde un registro distinto al clásico de los tres géneros: épico, trágico y cómico. Los personajes o actores ya no son héroes o semidioses, sino jóvenes enamorados, víctimas de sí mismos y de las luchas entre familias. El drama de Shakespeare se convierte en el paradigma del amor romántico, un amor poderosísimo que se justifica por la fuerza de su propia pasión y la de la voluntad de los amantes que termina con la fusión de ambos en la muerte.

A diferencia de *Tristán e Isolda* o *Romeo y Julieta*, donde los protagonistas abocados al drama son ambos amantes y se sienten legitimados en su amor, los novelistas del siglo XIX prefieren destacar la posición de la protagonista femenina, que frecuentemente da su nombre al título de la obra (*Ana Karenina, Madame Bovary, La Regenta,* etc.) para poner de relieve las condiciones sociales que van a hacer imposible y, en consecuencia, romántico, el amor surgido irrefrenablemente de una relación adúltera.

Cuando la realidad supera la ficción

El punto culminante del amor romántico en la historia no es un poema o una novela trovadoresca del medievo, sino una historia real y bien documentada gracias a los escritos de los propios protagonistas, Eloísa y Abelardo. Sobrina del canónigo parisino Fulbert, Eloísa entró, por expresa petición de él, a formar parte del círculo más estrecho de los discípulos de Abelardo, el filósofo más famoso de su siglo (el XII), hasta el punto de invitarlo a vivir en su casa para poder seguir en todo momento la formación intelectual de la ahijada del canónigo. Esta convivencia entre Eloísa y Abelardo, como discípula y maestro, provocó, casi de inmediato, el surgimiento de una pasión amorosa irrefrenable. En un diálogo imaginario de terapia de pareja (Villegas, 2022) son ellos mismos quienes, en base a sus escritos, se lo cuentan al terapeuta:

TERAPEUTA: *Pero, decidme: ¿cómo fue creciendo vuestro amor?*
ABELARDO: *Al asignarme la educación de su ahijada, su tío Fulbert provocó, sin saberlo, el nacimiento del amor entre nosotros. Quería que me dedicara en cuerpo y alma a su instrucción, noche y día, en cualquier ocasión propicia. Para ello, quiso que me trasladara a vivir a su casa en París. Nuestras almas se unieron de inmediato. En las horas de estudio nos entregábamos completamente al amor, aprovechando el resguardo secreto que ofrecía la ocasión,*
ELOÍSA: *Con los libros abiertos, pronunciábamos más palabras de amor que de estudio; «tus manos acariciaban mis pechos, en lugar del lomo de los libros; con frecuencia el amor reflejaba los ojos de uno en los del otro, como en un espejo reluciente».*
A.: *¿Qué más puedo yo añadir? No evitábamos ninguna muestra de amor y, si el amor imaginaba algo insólito, nos apresurábamos a llevarlo a cabo. Dado que éramos inexpertos, estos goces nos resultaban tan nuevos y disfrutábamos tan ardientemente, que nunca nos cansábamos. Gozábamos del amor más puro y libre, como amantes.*
E.: *Esto es lo que éramos, y nos hubiera gustado continuar siendo, amantes por toda la eternidad. Pero el contexto histórico, religioso y social no nos lo permitió. Nos vimos obligados a casarnos.*

El motivo de este enlace matrimonial, que se llevó a cabo en secreto, fue el embarazo de Eloísa, quien se refugió en casa de la hermana de Abelardo para tener al hijo y dejarlo a su cuidado ya de por vida, puesto que tanto Eloísa como Abelardo ingresaron a continuación en un monasterio a fin de mantener su desliz en secreto.

A.: *Nos casamos, pero en secreto, según lo acordado con el canónigo.*
E.: *Desgraciadamente este matrimonio fue el final inevitable de nuestra relación. Yo siempre había preferido el amor al matrimonio, la libertad al vínculo conyugal. «A pesar de que el calificativo de mujer parezca más santo y más honroso, siempre he tenido por más dulce el de amiga y —si no tuviera que ofenderte— también los de concubina o meretriz. Está claro que cuanto más me humillase por ti, más favores obtendría a tu lado y menos perjudicaría la gloria de tu nombre».*

T.: *¿Cómo resolvisteis esta profunda discrepancia? Tú, Abelardo, te mo-vías por el miedo a la reacción del canónigo y, en consecuencia, querías tapar la deshonra con el matrimonio. Tú, Eloísa, en cambio, querías permanecer fiel a tu concepción del amor, libre de los compromisos formales y de los intercambios materiales propios del matrimonio, que prostituyen el amor más puro.*

E.: *Era un dilema moral irresoluble para mí. Por eso quería convertir-me en su amante antes que en su esposa, porque anteponía el amor al matrimonio.*

T.: *Así que el matrimonio acabó con el amor.*

E.: *No; más bien el amor destruyó el matrimonio, porque no volvimos a vivir nunca más juntos. Yo siempre negué que nos hubiéramos casado. Y finalmente, para demostrarlo, acepté entrar de monja de clausura en el convento de Argenteuil, según la condición que me impuso Abelardo.*

T.: *O sea que la vida monacal se convirtió en el refugio de vuestro amor eterno.*

E.: *Sí; y todavía lo aprovechamos, a través de cartas y de guía espiri-tual, para continuar acariciando nuestras almas, ya que no podíamos nuestros cuerpos.*

A.: *Hasta que la muerte nos separó.*

E.: *Y yo, al morir más tarde que él, quise ser enterrada en la misma tumba. Pero como nuestros cuerpos ya estaban muertos en vida, el amor puro que aprendimos a cultivar entre nuestras almas todavía continua vivo.*

El amor romántico constituye, pues, una experiencia que va más allá del proceso espontáneo de la atracción sexual, fuertemente impreg-nada de valores culturales y revestida de aspiraciones trascendentales, convirtiéndose en medio de expresión y superación de los conflictos personales y sociales en que se encuentra inmerso el ser humano en la soledad de su existencia. De ahí el carácter maníaco, pulsional, fusional, exclusivo, irreal, narcisístico y exaltado del amor romántico, a la vez que imposible, estéril y efímero por naturaleza.

◆ El amor romántico constituye una experiencia exaltada

Independientemente de las situaciones históricas y de los gustos de
cada época, lo que caracteriza al amor romántico es, en primer lugar,
su dimensión fantástica o exaltada. El amor romántico pertenece a
aquella clase de experiencias exclusivas del género humano próximas
al paroxismo de los estados eufóricos o maniacales, presentes en fenómenos como el arrebato místico, las gestas heroicas o las celebra-
ciones triunfales. Despierta en sus protagonistas la sensación de una
fuerza o poder superior que les aproxima a los dioses. No sería posible sin una mezcla de sentimiento y fantasía que potencian hasta el
infinito la trascendencia del yo en la fusión del nosotros. El amor romántico es exclusivo, no admite un tercero; narcisista, se centra en la
sublimidad del yo trascendente; y estéril, muere con la procreación.
El amor romántico es a la procreación lo que la gastronomía es a
la subsistencia; como la gastronomía, el amor romántico se nutre de
una fantasía a través de la cual las funciones primordiales del organismo humano, la reproducción y la supervivencia, se revisten de ima-
ginaciones y proyecciones que acaban siendo más sustanciosas que el
propio alimento o la cópula sexual. Se autolegitima, sin necesidad de
recurrir a ningún otro motivo fundacional: existe por sí mismo y se
convierte en fin a sí mismo.

◆ El amor romántico es ideal

El amor romántico es un producto cultural de una sociedad que exal-
ta los valores de realización y expansión individuales, que ya casi nada
tiene que ver con la pulsión sexual, tal como ha sido seleccionada por
la naturaleza en beneficio de la especie. Nuestra estructura fisiológi-
ca, en efecto, no dice nada a propósito de cómo organizar nuestra
vida amorosa, con qué criterios establecer las organizaciones familiares o en qué medida nuestra felicidad va a depender de la elección de
tal o cual pareja. Los esquemas culturales y las vivencias personales
van a desempeñar un papel fundamental en la consecución de todos

estos objetivos. Pero nada de todo esto constituye un obstáculo para el amor romántico. El amor romántico se nos presenta como el modelo ideal según el cual configurar nuestros afectos.

Se concibe como un estado de gracia más allá del bien y del mal, del tiempo y del espacio, en el que todo es posible y donde no existen límites ni barreras. Se asemeja al don fáustico de la eterna juventud, que no conoce las fronteras del mundo terrenal y aspira a conquistar el celestial. Constituye un mundo de belleza y luminosidad sin sombra que lo empañe, no conoce la enfermedad ni el envejecimiento.

Dado su carácter fantasioso e irrealizable, permanece siempre como una aspiración inalcanzable o un recuerdo melancólico de algo que nunca fue, pero que habría podido ser, tal como lo expresa nuestra paciente Ana en la continuación del diálogo iniciado más arriba:

> T.: *De modo que tú has querido querer mucho y has tenido miedo de que ese amor te destruyera.*
>
> A.: *Sí… Supongo que no hubiese resistido que se acabara el amor y hubiese buscado otro.*
>
> T.: *Que se acabara la pasión, te atraía la pasión.*
>
> A.: *Eso, la pasión. Quizá está muy mal decir eso.*
>
> T.: *¿Por qué?*
>
> A.: *No sé… A mi edad (54 años), no tendría que decir esas cosas, pero bueno, yo he sido joven… Y yo sé que con mi forma de amar hubiese arrebatado a cualquiera, porque yo sé que cualquiera que hubiera estado a mi lado no hubiera sido impasible. Y eso, ¿adónde me llevaba también? Porque yo no he vivido bien, yo no lo he vivido nada.*
>
> T.: *No te lo has permitido tampoco.*
>
> A.: *No, no.*
>
> T.: *Por eso.*
>
> A.: *En mi ser hay una parte triste. Es un cúmulo de cosas que están ahí, que yo lo puedo vivir muy intensamente, con mucha alegría, porque yo soy alegre, pero hay una parte ahí, que sé que me moriré con eso ahí.*

♦ El amor romántico es fusional

Más que el resultado de una elección de dos soledades que se dan la mano, como dice Rilke, el ideal del amor romántico parece ser la fusión indiscriminada, orientada a llevar a cabo la máxima plenitud del propio yo subjetivo. La cópula amorosa representa en el imaginario romántico la materialización de esta aspiración. Jung la interpreta como la atracción de los aspectos inconscientes de los componentes de una pareja, como la fusión del *animus* y el *anima,* la unión de los opuestos en el amor.

En nuestra sociedad, el amor romántico constituye un conjunto de creencias, ideales, actitudes y expectativas, orientadas a la realización del individuo, que se alejan notablemente de la finalidad originaria de la supervivencia de la especie y de la estabilidad social, encaminadas como están a la satisfacción de sus necesidades más íntimas y subjetivas. El fuego que funde a los amantes en el imaginario romántico tiene otro nombre. Es la pasión.

♦ El amor romántico es pasional

El carácter pasional del amor romántico ha sido subrayado específicamente a través de todas sus representaciones artísticas, tanto literarias como pictóricas o musicales. Dos características definen particularmente la pasión: su carácter enajenado y su fuerza incontrolable, como la de un volcán. Este carácter indómito e incontrolable de la pasión es la que ha llevado a asociar el amor romántico a la experiencia enajenante de la locura o a la entrega autodestructiva de la sumisión, como la de la pastora Griselda, convertida en esposa de Gualtieri, marqués de Saluzzo, la cual superará, según el relato de Boccaccio en el *Decamerón,* las pruebas más crueles del amor, incluidas el rapto y la muerte —fingida— de los hijos.

Una de las experiencias más significativas asociadas al amor romántico es la sensación de no poder oponer ninguna resistencia al torbellino de emociones que nos invaden y nos poseen en el momento del encuentro con la persona amada. El amado crea en el amante una intensa perturbación, un vínculo que tiene la prerrogativa de activar recursos de energía no expresados ni experimentados hasta aquel momento, que provoca la sensación de una erupción de intensos sentimientos incontrolables.

Se trata en realidad del descubrimiento de la otra parte de sí mismo, del enamoramiento de lo mejor de sí mismo, de la intensidad del propio sentimiento, de la fascinación narcisística que nos arrebata en una experiencia de éxtasis casi místico.

Lope de Vega (1634) lo plasmó en uno de sus sonetos, el número 126 de sus *Rimas humanas y divinas,* de manera concisa y contundente, como corresponde al estilo conceptista:

Desmayarse, atreverse, estar furioso,
áspero, tierno, liberal, esquivo,
alentado, mortal, difunto, vivo,
leal, traidor, cobarde y animoso;
no hallar fuera del bien centro y reposo,
mostrarse alegre, triste, humilde, altivo,
enojado, valiente, fugitivo,
satisfecho, ofendido, receloso;
huir el rostro al claro desengaño,
beber veneno por licor suave,
olvidar el provecho, amar el daño;
creer que un cielo en un infierno cabe,
dar la vida y el alma a un desengaño;
esto es amor, quien lo probó lo sabe.

◆ El amor romántico es narcisista

La díada amor-pasión constituye un potentísimo catalizador de energía psíquica porque es capaz de solicitar y activar la mayor parte de nuestros recursos internos y externos. Nos impulsa a cultivar la belleza interna y externa, potenciando nuestra capacidad de ternura, fuerza y seducción. Esta proyección sobre el objeto amado de nuestra fascinación narcisística y el revestimiento de su persona con los mejores atuendos de nuestra propia seducción hacen que en realidad no lleguemos a conocerla. Este es el motivo por el que, tradicionalmente, se ha representado el amor con una venda en los ojos, para significar que es ciego, como expresa brillantemente Antonio de Guevara (1528/1994) en referencia a Ovidio en el libro *Ars amatoria:*

> amor es un no sé qué, viene por no sé dónde, envíale no sé quién, engéndrase no sé cómo, conténtase no sé con qué, y siéntese no sé cuándo, y mata no sé por qué; y finalmente, el enconado amor sin romper las carnes de fuera nos desangra las entrañas de dentro.

Y si no es ciego, está loco: *amens, amans* (amante, a-mente), dice el proverbio latino.

Amar y sentirse amado significa sentirse único y especial. A los ojos de los demás, los amantes aparecen como seres únicos en el mundo, capaces de dar vida a una experiencia irrepetible. El encuentro de dos unicidades no puede sino generar un microcosmos espléndido en su interior, frente a un mundo hostil en el exterior. Su sentido de protección y supervivencia lleva a los amantes a la exclusividad.

◆ El amor romántico es exclusivo

A diferencia del amor erótico que es promiscuo y prolífico, el amor romántico es exclusivo y estéril. El mito andrógino hace referencia a dos mitades, sean esas del mismo o distinto sexo, no admite pues la existencia de un tercero: de ahí su carácter de exclusividad. En este contexto de autocierre y exclusión del mundo, el peor enemigo del amor romántico se halla representado por los celos. El deseo de posesión absoluta hasta la fusión con el otro se lleva muy mal con cualquier coqueteo o acercamiento a un tercero, lo que significaría abrir una brecha que puede llegar a romper la unión más estrecha. Pero a su vez el temor ante la amenaza real o imaginaria de una posible infidelidad introduce en el núcleo de la relación romántica el gusano de la duda que puede terminar por destruirla. Esta es igualmente la función de los celos: proteger la relación de todo intrusismo. A pesar de las diferencias existentes entre los sexos, ambos sufren de celos: en general la mujer sufre más por la infidelidad romántica y el hombre lleva peor la infidelidad sexual, puesto que intenta evitar que le cuelen descendencia ajena, mientras la mujer quiere asegurarse la dedicación de la pareja al cuidado de la progenie.

La evitación de la presencia de un tercero se extiende igualmente a la posibilidad de la perpetuación de este amor en un hijo, de ahí su esterilidad. Para muchas parejas, el nacimiento del primer hijo es motivo de desenamoramiento; muchos hombres llevan mal la competencia amorosa que representan los cuidados del niño por parte de la madre, que interpretan como descuido de la relación, al igual que muchas mujeres viven con ambivalencia y culpabilidad hacerse cargo del hijo por entender que este les arrebata su dedicación al marido.

♦ El amor romántico es efímero

La imposibilidad, por una parte, de realización de la fusión amorosa y la de su perpetuación en el tiempo, por otra, nos lleva a la conclusión de que el amor romántico es una experiencia efímera. Esta condición no lo priva de su belleza y su seducción, sino que probablemente las aumenta. La experiencia amorosa sitúa al ser humano ante la posibilidad de su propia superación y trascendencia en la aventura de la fusión con otro ser. La conciencia de muerte lleva al hombre a buscar formas de unión con los demás o de trascendencia religiosa o social que le proporcionen la ilusión de un yo «expandido», poderoso e inmortal.

Entre ellas figura la del amor romántico, por el que los amantes creen haber llegado a constituir un solo ser que, superando los límites de su propio yo, alcanza la felicidad y la inmortalidad. Estos objetivos, sin embargo, se muestran al poco tiempo como el espejismo provocado por un estado eufórico o maniacal que termina por marchitarse como el perfume, los colores y las formas de la más bella de las flores a partir del momento en que se la corta para poseerla. El amor romántico se consume en el fuego de su propia pasión y abrasa cualquier atisbo de fertilidad, condenándose a su propia extinción. Dejado a su libre albedrío se entiende que el deseo amoroso pueda caer en los extremos más contrapuestos: la exaltación maníaca frente al desengaño más amargo; el entusiasmo frente a la rutina; la atracción frente el aborrecimiento; la posesión y el dominio frente a la sumisión y la dependencia; o que pueda desembocar en celos, infidelidad y traiciones, o dar lugar a pasiones desenfrenadas y destructivas. En su lenguaje tanto cabe la idealización como la abyección, lo sublime como lo obsceno, lo poético como lo vulgar.

Su única posibilidad de supervivencia pasa por un proceso de transformación que es fruto del aprendizaje en la más difícil de las artes: «el arte de amar», en el que el amor romántico puede constituir, sin duda, el camino privilegiado de iniciación.

DEL AMOR ROMÁNTICO AL AMOR COMPROMETIDO

De acuerdo con Fromm (1956) existen dos posibles concepciones del amor: el amor como sensación subjetiva exaltada y placentera, es decir, como un ensueño, y el amor como fruto del conocimiento y el esfuerzo, es decir, como un arte. El primero corresponde al amor romántico, vivido como enajenación de la voluntad, fatalmente poseída por Eros. El segundo corresponde al amor comprometido, en el que la voluntad y el empeño se implican sobre la base del enamoramiento. El amor, en efecto, requiere conocimiento, respeto y cuidado del otro: es un intercambio entre dos personas que previamente se conocen, respetan y cuidan a sí mismas, no una fusión simbiótica que termina por destruirlas.

Desde un punto de vista psicológico, se valora la relación de amor recíproco entre personas adultas como la capacidad de construir con el tiempo una relación profunda que permita conservar la integridad y la individualidad de cada uno. Este concepto de amor maduro niega la teoría de la media naranja: el amor por la otra persona no puede sustituir nunca la propia identidad e individualidad personal.

Sin embargo la literatura desde los trovadores de la Edad Media, el cine, la poesía o la canción no cesan de exaltar el amor romántico puesto que las historias sobre pasiones, celos, amores y desamores ofrecen una reactividad emocional inmediata que es el material que alimenta el imaginario erótico de las personas. Este amor romántico, que caracteriza de forma natural la fase inicial de enamoramiento entre las personas, favorece la confusión con la única forma de amor verdadero sin entender su función preparatoria para la construcción de la relación amorosa estable o comprometida.

Erotismo, romanticismo y compromiso, sin embargo, no tienen por qué ser formas incompatibles entre sí, si se conciben como fruto de un proceso evolutivo. La iniciación en el amor suele desencadenarse a partir del enamoramiento adolescente, por el que el joven o la joven se sienten atraídos hacia otros semejantes, proceso que contribuye poderosamente a romper los vínculos familiares que le mantienen en el egocentrismo infantil. La magia del enamoramiento consiste en una experiencia fascinadora que le lleva a desprenderse de sí mismo para confundirse con el otro.

Los primeros amores, recordados siempre como la más maravillosa de todas las experiencias, suelen ser eslabones en este proceso de maduración del amor romántico hacia el amor comprometido. En el lenguaje actual, a pesar de los importantes cambios sociológicos que han afectado particularmente a la sociedad occidental en todo lo que concierne a la regulación de la vida amorosa y sexual, quedan numerosos vestigios, testimonios de esta concepción del amor como com*promiso:* la propia palabra esposos, derivada del latín *sponsum,* significa *prometido.* Los rituales matrimoniales conservan todavía este carácter voluntario de la relación entre esposos. A los contrayentes se les pregunta si quieren a la otra parte como esposo o esposa, no si les gusta o les atrae. El amor comprometido es activo, implica el conocimiento y la voluntad; el amor romántico es pasivo, obedece a una pulsión ciega hacia la fusión simbiótica.

No constituye, sin embargo, la revelación de ningún secreto constatar que en nuestra sociedad la regulación de las relaciones amorosas a través del matrimonio está en crisis y que las parejas actuales tienden a establecer relaciones basadas en el compromiso personal fuera del ámbito institucional y siempre con el beneficio de la duda y de la precariedad sobre su valor o pervivencia.

¿ES POSIBLE ATRAPARSE EN EL AMOR?

No obstante, y a pesar de todo, la necesidad humana de unión y afecto continúa impulsando a los humanos hacia el establecimiento de relaciones que le aseguren o le produzcan, al menos, la ilusión de su satisfacción. La precariedad de estas uniones y su falta de regulación institucional aumentan, probablemente, el riesgo de dependencia, por cuanto la persona está más predispuesta a ceder o invertir en términos personales en la relación a fin de asegurar su pervivencia, que el equivalente en la dote económica que invertían nuestras abuelas.

Las parejas actuales ya no están sometidas a un compromiso legal que las «espose», ni son conscientes de compartir la misma suerte para toda la vida como «con-sortes», ni aceptan soportar el mismo yugo como «cón-yuges». Cada uno se intenta vincular como individuo desligado y ante la inconsistencia del vínculo o la angustia de separación se agarra ansiosamente a la relación, aun con el riesgo de perder su identidad.

Estas condiciones favorecen la formación de vínculos de dependencia afectiva en las parejas que vienen a sustituir las antiguas formas institucionalizadas de dependencia económica y social que, aunque limitaban claramente los ámbitos de libertad individual, ofrecían una base sólida y segura para el desarrollo de la vida cotidiana.

Estas formas de dependencia afectiva pueden ser altamente destructivas al requerir todo el empleo de la energía psicológica en el mantenimiento de la relación misma, que cada vez se vuelve más exigente hasta la entrega o el sometimiento completo y total o incluso la disolución de sí mismo como garantía de fusión indisoluble.

La entrega completa y total se convierte en la base para la dependencia, que idealmente se concibe como interdependencia o dependencia complementaria entre los miembros de una pareja, pero que con demasiada frecuencia termina por dar lugar a una relación de dominancia-sumisión.

La persona que entra en una condición de dependencia teme o imagina morir, separada de su otra mitad, y por eso se agarra desesperadamente a ella, aunque le esté amargando la vida. Esta otra mitad colma, real o imaginariamente, sus déficits de seguridad, estima, reconocimiento, compañía, sexo, cariño, afecto, saber, ser, poder. Le pueden ligar a ella también relaciones de culpabilidad, deuda, fidelidad u otras.

Y esto puede suceder no solo en el ámbito de las relaciones de pareja, sino también en el de todas las relaciones afectivas, particularmente las familiares e, incluso, el de las amistades, razón por la cual dedicamos en este libro una atención específica a cada una de ellas.

2. La dependencia

Ser capaz de entregarse total y completamente constituye el
lujo más grande que la vida proporciona. El amor auténtico
solo empieza en este punto de disolución. La vida personal se
basa totalmente en la dependencia, en la dependencia mutua.

HENRY MILLER

CONCEPTO DE DEPENDENCIA

Dependencia (del latín *de-pendere)*, pender de la rama de un árbol, de
un hilo, etc., remite a la idea de subordinación de un elemento respecto a otro en cualquiera de las maneras posibles e imaginables en función de su gestación, desarrollo o mantenimiento de su estado actual.

La dependencia se basa en la necesidad, carencia o déficit de un
ente respecto a otro del cual recibe el suministro necesario, por ejemplo, nutritivo, energético, financiero, etc. Si le falta este, peligra su
continuidad vital, funcional o estructural. En consecuencia, mantiene una especie de enganche o apego respecto a la fuente de sus
suministros, a fin de asegurarlos.

El fenómeno de la dependencia se halla omnipresente en el mundo de la naturaleza. Las órbitas de satélites y planetas dependen de
la dinámica de la fuerza gravitatoria del sistema solar en el que se
hallan ubicados. Y este, a su vez, orbita en el seno de una galaxia, la

Vía Láctea, que comparte con millones de otros sistemas estelares. Los seres vivos, por su parte, dependen de los nutrientes que hallan en la naturaleza en las más variadas formas. Algunos de estos seres, además, dependen simbióticamente de otros a los que parasitan de manera ocasional o permanente. De modo que la dependencia es un fenómeno intrínseco a la naturaleza y a la vida. También entre los humanos lo es. Del nacimiento a la muerte, la dependencia marca nuestro principio y fin. Nacemos de mujer y recibimos cuidados y alimento maternales, sin los cuales moriríamos. El entierro de nuestros despojos mortales depende también del cuidado que nuestros semejantes puedan asumir sobre ellos. Y a lo largo del ciclo vital son innumerables las situaciones en que, de una manera u otra, se establecen relaciones de dependencia tanto funcionales, como afectivas, más o menos estables, más o menos fugaces o pasajeras.

Sin embargo, el motor de la vida es la tendencia hacia la autonomía, que se desarrolla en síntesis dialéctica con las necesidades de (inter)dependencia (Villegas, 2011, 2015). Dependencia y autonomía se hallan de este modo situados en los polos opuestos de una misma dimensión semántica, aunque con frecuencia se alternan subordinados a una necesidad superior, la de supervivencia o el mantenimiento de una estructura para la que puede ser necesaria cualquiera de las dos tendencias.

TIPOS DE DEPENDENCIA

En general podemos distinguir cinco tipos básicos de dependencia:

- Dependencia *funcional.* Hace referencia a algún tipo de aporte (energético, nutritivo, financiero, etc.) sin el cual determinado mecanismo, organismo o sistema no puede *funcionar.* En este sentido la (inter)dependencia no ha hecho más que aumentar exponencialmente en un mundo globalizado, estando casi en peligro de extinción las organizaciones tribales, familiares, etc., capaces de abastecerse de manera autosuficiente. A su vez, esta interdependencia pone de manifiesto la debilidad del sistema, puesto que un fallo en una parte del mismo puede desestabilizarlo en su totalidad. En ocasiones la dependencia funcional puede estar provocada por guerras, catástrofes naturales, enfermedades, procesos degenerativos o traumatismos que pueden afectar de manera más o menos permanente a individuos o colectividades.

- Dependencia *legal.* Hace referencia a la incapacidad de los individuos de actuar en nombre propio en el ámbito público a causa de alguna condición social. En ocasiones, la dependencia se basa en una condición temporal de los individuos en el período de su desarrollo por motivos tutelares (minoría de edad o incapacidad innata o sobrevenida), por razón de sexo (sociedades patriarcales donde no se reconoce la autonomía de las mujeres), por negación o supresión de sus derechos (esclavos, inmigrantes, refugiados, presos, etc.). La dependencia legal ejerce una función tutelar y protectora en algunos casos, pero en otros constituye un auténtico abuso de poder en relación a las posibilidades de realización o de autonomía personal.

- Dependencia *deficitaria.* Hace referencia a déficits estructurales que obligan a prolongar la tutela familiar o social a causa de la insuficiencia innata de recursos sociales del individuo, congénita o evolutiva, que dificultan su inserción social plena, por ejemplo en el manejo del dinero o en la gestión de la vida cotidiana. En muchos casos da lugar a una dependencia patológica, como en el trastorno de personalidad por dependencia, que obedece a un déficit evolutivo.

- Dependencia *adictiva.* En relación al enganche a sustancias (drogas) o a determinados hábitos, actividades o comportamientos (juego) o a ambos elementos. Fumar, por ejemplo, puede abarcar simultáneamente la adicción a la sustancia (nicotina) y a la acción misma (gestualidad) por su posible multifuncionalidad psicológica y social; puede constituir a la vez un estimulante y un relajante, facilitar un intercambio social, permitir una cierta ostentación narcisista y así casi hasta el infinito.

- Dependencia emocional o *afectiva*. La mal llamada dependencia emocional no recibe la misma denominación en los diversos idiomas. En varios de ellos coexisten una o más formas: *dépendance affective* (francés); *affective dependence, affective dependency, emotional dependence, emotional dependency* (inglés); *dipendenza affettiva, dipendenza emozionale, dipendenza emotiva* (italiano). Esta ambivalencia terminológica dentro de unos mismos idiomas indica ya la dificultad de precisar el alcance de la denominación emocional *vs.* afectiva, hasta el punto que algunos prefieren sustituirla por el concepto *love adiction* (adicción o dependencia amorosa).

La dependencia afectiva

La dependencia emocional o afectiva suele atribuirse a características personales o relacionales. La pregunta es si la dependencia afectiva es en todos los casos la causa o bien el efecto de características personales que se manifiestan fenomenológicamente como tales o más bien de condiciones sociales, biográficas y relacionales en interacción entre ellas. Para apuntar algunas posibles respuestas vamos a considerar una serie de modalidades de dependencia afectiva que podemos extraer del análisis de diversos casos, ampliamente documentados a través de la bibliografía específica o de la experiencia clínica acumulada a través del tiempo.

En este texto utilizaremos preferentemente la expresión «dependencia afectiva», predominante también en la bibliografía especializada, por varias razones que se irán especificando a lo largo de la exposición, aunque bastaría atenerse a la imprecisión del término emocional, debido probablemente a la confusión entre la causa y el efecto. La causa hay que buscarla en déficits evolutivos o estructurales o en la naturaleza de la relación donde se produce, de modo que la dependencia afectiva no es solo una característica personal, sino principalmente relacional.

Las personas no nacemos dependientes, sino dependiendo. A través de la vida nos hallamos en determinadas condiciones que pueden favorecer en mayor o menor grado una relación de dependencia en sus diferentes modalidades. Estas condiciones pueden atribuirse fundamentalmente a dos causas: una carencia o déficit de uno o ambos miembros de una relación y/o un dominio de uno de ellos sobre el otro, que generan una relación de sumisión o sometimiento.

Una situación relacional que puede crear una dependencia mutua, aunque sea transitoriamente, es el enamoramiento entendido como fusión, en el que cada uno de los miembros de la pareja considera que no puede vivir sin el otro, de acuerdo con el mito del andrógino (la media naranja), fuente inspiradora de grandes obras de la literatura como *Romeo y Julieta* o de películas, canciones o poemas que llenan de historias románticas el imaginario popular.

La media naranja

Jorge y Ángela constituyen una de estas parejas, aunque no tan romántica como para dar pie a un novelón decimonónico, que parecen haber nacido el uno para el otro. Se conocieron de muy jóvenes y se casaron también jóvenes, crecieron prácticamente juntos. Juntos lo hacen todo, trabajan en la misma empresa, comparten las mismas actividades y aficiones. Tienen un hijo en común. Sin embargo, Ángela está experimentando en terapia un proceso de diferenciación respecto de Jorge, que la lleva a sentirse asfixiada en este tipo de relación.

Ángela.: *Desde que empiezo a tomar un poco de conciencia y veo las cosas de otra manera, lo voy dejando un poco de lado y me voy retirando. Eso hace que él cambie también su actitud; cada vez compartimos menos. Jorge, mi marido, sigue siendo como era, lo que pasa es que me provoca que yo ya no lo sea. Antes no me sentía agobiada y ahora me siento un poco agobiada.*

Terapeuta: *¿En qué notas ese cambio? ¿Qué es lo que ya no te vale?*

A.: *No me vale que él considere que los dos solos ya somos felices. Yo tengo necesidad de más gente, de hacer más cosas. Y a él no le importa que yo haga cosas, siempre y cuando no le quite tiempo de estar conmigo.*

Él tiene un hobby, *y quiere que yo tenga el mismo, porque así lo compartimos. Él ha ido a esquiar, y yo con él, contenta y feliz. Pero ahora él hace submarinismo, y yo no quiero hacer submarinismo. Es como que me he plantado y pienso: ¿por qué te plantas?, ¿qué te cuesta? Tampoco me gustaba esquiar ni veinte mil cosas más, y las he hecho y las he disfrutado. Y a él esa actitud le choca y sigue intentando convencerme, con buenas palabras: «anda pues vente que te compro el traje». Pero claro, yo me siento mal y no quiero hacerlo y en esa tontería, pues, hay más cosas, el no compartir...*

T.: *Es que no es una tontería, estamos hablando justamente de personas, de individuos, de sujetos en una relación. De cómo la evolución personal viene modificada por reacción y contrarreacción. O sea, de qué manera la relación está influyendo en nosotros y de qué manera nosotros, al crecer, al cambiar, estamos influyendo en la relación. Cuando en una relación no se evoluciona de una manera constante, de forma que la evolución de cada uno haga la relación todavía más fructífera y más plena, pues ahí empiezan a surgir conflictos.*

A.: *Jorge es el mejor hombre del mundo, en casa, con los amigos. Es muy buena persona, es muy buen trabajador, es muy buen padre. Pero yo pienso que a Jorge lo criaron con la necesidad de hacer las cosas para que lo quisieran. Entonces se pasa el día dándote cosas que tú no le pides, pero él te las da, y tú se lo agradeces un montón, porque a mí me ayuda mucho, porque yo también soy quien soy gracias a él. Pero a veces me da cosas que no le pido y no las quiero; y al final llega un punto en el que tú ya quieres hacer las cosas sin él. No quiero que esté todo el día haciendo cosas solo por mí.*

T.: *Parece, por lo que tú dices, que la construcción que tiene es que para que me quieran tengo que dar algo. Claro, si él te da a ti y tú dices «no, yo no lo quiero», es como si no lo quisieras a él; entonces está triste porque no sabe separar una cosa de otra. O sea, una cosa es que tú quieras dar y otra cosa que eso signifique que te tienen que querer porque tú das, o que la única forma que tienes de querer es dar algo. Es la forma que él tiene de demostrar que te quiere.*

A.: *Ya, pero él eso no lo ve.... Él siente que yo estoy despreciando algo que me ofrece. Y entonces yo soy muy desagradecida en ese sentido. Por-*

que llega un punto en el que a veces incluso considero que lo maltrato diciéndole eso. Yo le estoy muy agradecida, pero llega un punto en el que me saturo.

T.: *Pero ahora te dice que quiere hacer submarinismo y...*

A.: *Eso es lo que digo: «mira, tú haz lo que tú quieras y yo hago lo que yo quiero». Porque precisamente lo que yo quiero ahora no es para nada lo que quiere él. A mí me parece muy bien que él siga su camino. Nosotros lo hemos hecho todo juntos y lo hemos hecho felices y contentos, pero de un tiempo para acá yo ya no lo quiero hacer todo juntos. No es que no lo quiera, es que quiero otras cosas. Pero él va a venir donde yo le diga. El problema viene porque yo no quiero ir donde él dice. Él viene conmigo al fin del mundo.*

Aproximación al concepto de dependencia afectiva

Una primera definición de dependencia afectiva la podríamos tomar, como punto de partida, de la publicación francesa *Le Journal des femmes. Santé*,[1] que la concibe como una necesidad del propio individuo que la padece, que le impide vivir por y para sí mismo, aun en detrimento propio.

- La dependencia afectiva puede definirse como una necesidad de afecto de los otros, aun a costa del cuidado de sí mismo. Se considera un estado patológico en la medida en que provoca sufrimiento. La dependencia afectiva designa un fenómeno de incapacidad psicológica para vivir por y para sí mismo.

Hay tres aspectos que identifican la definición de la publicación francesa que nos parecen relevantes para desarrollar el argumento de la dependencia afectiva.

---

1 https://sante.journaldesfemmes.fr/fiches-sante-du-quotidien/2591920-dependance-affective

1. Necesidad de afecto, aun a costa del autocuidado.
2. Incapacidad para vivir por y para sí mismo.
3. Posibilidad de provocar sufrimiento.

Tanto en esta como en la mayoría de definiciones al uso no queda claro si estas condiciones son la causa o el efecto de la llamada «dependencia emocional o afectiva», considerada patológica. Por ejemplo, el hecho de que la persona viva más para la relación que para sí mismo, o no se proteja adecuadamente en una relación, ¿es la causa o el efecto de las características de esta relación? ¿Es esta «incapacidad para vivir por y para sí mismo» algo innato, evolutivo o adquirido? ¿Significa esto que las personas «nacen ya dependientes» y que simplemente «Dios los cría y ellos se juntan»? O dicho de otro modo: ¿es la dependencia una característica personal o relacional?

Muchas de estas cuestiones se irán replanteando a lo largo de este texto, por lo que no vamos a dar respuesta ahora a cada a una de ellas. Baste con decir que en este texto defendemos una concepción de este fenómeno más contextual o relacional que patológica de lo que se da a entender en esta definición, aunque puede verse potenciada naturalmente también por características personales.

No me quieras tanto, por favor

La exposición del siguiente caso está orientada a facilitar la comprensión de lo que habitualmente se entiende por dependencia afectiva, como un síndrome de naturaleza psicopatológica. Silvia acude a terapia pidiendo recetas para la ansiedad y la tristeza que le produce su relación de pareja, tal como se irá evidenciando a través de su discurso. En la transcripción que sigue, indicamos entre paréntesis algunas características que aparecen en el discurso de Silvia y que Castelló (2006) identifica como indicadoras de un «trastorno específico de la personalidad por dependencia emocional», señalando entre ellas las siguientes:

1. Búsqueda continua de relaciones de pareja.
2. Necesidad excesiva del otro: acoso constante.
3. Elección frecuente de parejas egoístas idealizadas.
4. Subordinación a la pareja.
5. Prioridad de la pareja sobre cualquier otra cosa.
6. Miedo a la ruptura.
7. Baja autoestima.
8. Miedo e intolerancia a la soledad.
9. Necesidad excesiva de agradar.

A medida que se desarrolla el diálogo con el terapeuta queda claro que las expectativas que Silvia tiene de Jordi, su pareja, no solo son irreales, sino también contradictorias. Concretando algo más sus expectativas se da cuenta de que lo que espera de la pareja es más atención y cariño, como correspondencia a todo lo que ella cree estar dando y no acaba de recibir...

SILVIA: *Pero pienso que esto me pasaría con esta y con cualquier otra pareja. O sea que es un problema, digamos, mío.*
TERAPEUTA: *Exacto, muy bien, ya sabes mucho. Sabes que es un problema tuyo.*
S.: *Sí.*
T.: *Entonces conviene plantearse qué significa esta concepción que tú tienes de dar. De dar mucho para que te den.*
S.: *Bueno, yo creo que lo doy todo, sencillamente.*
T.: *¿Y qué pasaría si no dieses tanto, si te quedases un poco para ti?*
S.: *Con mi pareja, por ejemplo, ya lo hemos hablado más de una vez y él siempre me dice: «quiéreme, pero no te preocupes tanto por mí». Es decir, muchas veces llego a esta situación: de tanto preocuparme caigo en una serie de preguntas repetitivas, lo molesto, lo agobio. Se convierte en un círculo vicioso. Incluso nos llegamos a separar el verano anterior, porque yo estaba insoportable...* (Necesidad excesiva del otro: acoso constante, 2). *Pero ahora estoy con él y quiero estar con él.*
T.: *Es como si tuvieses la concepción de que solo existes en la donación al otro, como si no fueses un ser, sino dos, como si vivieses en un espejo.*

S.: *Esperando…*

T.: *Que el espejo me devuelva mi esencia, pero una esencia que no está en mí, sino que está en esa relación.*

S.: *Pues puede que sea así. Porque interiormente sigo dependiendo de él; porque es cierto: mi vida ahora mismo sin él quedaría totalmente oscurecida; en parte es normal porque existe un vínculo; pero por otra parte es enfermizo, porque todos en el fondo estamos solos* (Intolerancia a la soledad, 8).

T.: *¿Y qué crees que lo hace enfermizo?*

S.: *La causa es un déficit mío, claro.*

T.: *¿Cuál?*

S.: *De autoestima, porque parece que no me quisiera a mí misma, que necesite al otro. Una falta de identidad. ¿Quién soy yo?* (Baja autoestima, 7).

Para facilitar el acceso al reconocimiento de su identidad, el terapeuta le propone a Silvia un ejercicio de descentramiento que consiste en definir quién es su pareja.

T.: *Justamente estamos comentando quién eres tú y no sabes decirme quién eres y, en cambio, hablando de tu pareja, has sido capaz de describirla con adjetivos todos muy positivos: alegre, entusiasta, que disfruta con cualquier cosa. Pero, en definitiva, estamos hablando de cualidades, no del sujeto* (Idealización del otro, 3) *¿Quién es el sujeto? O sea, si uno disfruta, ¿por qué crees que disfruta? Porque decías que Jordi es una persona que disfruta con cualquier cosa. Pues, ¿por qué crees que disfruta?*

S.: *Porque tiene el don de valorar cada cosa en su justa medida o incluso más, ¿no? A él le complace y además lo propaga.*

T.: *Vive algo y lo potencia; quiero decir que dentro de esta persona, que es tu pareja, hay un sujeto, hay alguien que vive, que siente, que quiere, que desea, que hace. Quiero decir que estamos hablando de alguien que es. Cuando nos preguntamos «¿quién soy yo?», pues, yo soy yo, yo soy el que vive, el que piensa, el que siente, el que hace, el que disfruta, el que quiere; o sea, me siento a mí mismo como un sujeto, alguien que está ahí y se sostiene por sí mismo y entonces puede disfrutar.*

S.: *Claro. Pero realmente estamos acostumbrados más que nada a definirnos por adjetivos.*

T.: *Pues ahí está el mal.*

S.: *Claro, ahí está el mal.*

T.: *Y entonces el adjetivo no es algo en sí mismo, es una cualidad. Por eso la autoestima a lo mejor es el efecto, no la causa. Si yo soy yo, seguro que me quiero. Pero si yo soy solo en el otro...*

S.: *Si soy solo el reflejo.*

T.: *Claro, si yo soy el reflejo, mi autoestima depende de si me llega o no me llega la luz.*

S.: *Pero esto es el déficit de vivir a expensas de cosas exteriores que realmente es algo a que nos educan, ¿no? Lo que aprendemos es a trabajar, a comprar. No a ser.*

T.: *Exacto, sí señora, no a ser.*

S.: *Entonces, por eso nos estresamos, porque vivimos a expensas de cosas exteriores que pueden llegar a ser, incluso, tu pareja, ¿no?*

T.: *Claro, por eso la dependencia es una consecuencia. ¿Yo por qué dependo? Porque no soy suficientemente yo, porque si soy suficientemente yo, no dependo. Me puedo relacionar, puedo disfrutar, porque mira, yo estoy bien; él se expande y por eso disfruta. Si yo no me siento suficientemente yo, entonces dependo del otro y si dependo del otro, entonces no soy libre* (Subordinación a la pareja, 4).

S.: *Sí, sí, claro, y posiblemente entras en este círculo vicioso de que le pides, te separas, le vuelves a pedir, lo vuelves a rechazar, esperas y luego te culpas infinitamente y sufres.* (Miedo a la ruptura, 6).

Silvia es consciente de que sus relaciones están basadas en la dificultad de combinar dependencia e independencia, puesto que confunde esta última con soledad y aislamiento y la primera con la pérdida de libertad. Los seres humanos somos interdependientes, pero esta relación de mutualidad solo es posible entre personas autónomas. Cuando en el seno de una relación alguien deja de serlo, por confusión de sus sentimientos, abandono, entreguismo o sumisión se establecen las condiciones para la dependencia.

T.: *Ajá; luego, tu pareja, ¿dirías que es dependiente?*
S.: *Yo creo que mi pareja es bastante independiente.*
T.: *Es autónomo. Depender, claro, todos dependemos; pero no se trata de independencia. Se trata de autonomía, de la capacidad de sustentarse, de saber contentarse a sí mismo, de saber estar bien con uno mismo. Si además estamos con otros y lo disfrutamos, maravilloso. Pero una cosa es esto y otra es lo que decíamos, que la persona dependiente lo es porque, como no se sustenta sobre sí misma, para saber que existe necesita el reflejo.*
S.: *Hombre, yo he estado y me he sentido libre. Y me llaman la atención las parejas de mis amigos que todos tenían niños, que entran más o menos en los roles sociales, por decirlo de alguna manera, y yo no. Entonces, claro, siempre estás como un poco al margen. Lo que pasa que al final ese margen se convierte en una automarginación, y entonces ahí puede haber cosas buenas o cosas malísimas...*
T.: *La vida de una persona es un proceso de evolución, de desarrollo. A medida que va creciendo van cambiando sus necesidades, sus recursos, todo. Espontáneamente, la naturaleza, ¿adónde nos llevaría? Nos llevaría a ser autónomos, es decir, seres que funcionan por sí solos, que no necesitan que les den cuerda. ¿Pero qué pasa? Que en ese proceso de crecimiento entramos en una dimensión social llena de creencias, de ideas, de expectativas, y hay un momento en el que, en lugar de mirar hacia dentro, dónde estoy yo y hacia dónde voy, tendemos a mirar hacia fuera y a guiarnos por influencias externas (lo que queda bien, lo que queda mal, lo que se espera de nosotros) y acomodarnos a ellas.* (Necesidad de agradar, 9). *Hasta que una crisis o una depresión nos obligan a replantearnos qué hacemos con nuestra vida. Es una ocasión para encontrarse a una misma, es decir, yo soy yo y voy a vivir mi vida; con mis hijos, con mi pareja, pero soy yo. Yo vuelvo a ser feliz en mi vida. Porque sobre todo la mujer corre el peligro de perderse en esas relaciones.*
S.: *¿A qué tipo de relaciones te refieres?*
T.: *A los hijos, la pareja, el matrimonio... O sea, que diríamos, la persona no se agota en un papel, en un rol, sino que tiene necesidad de desarrollarse individualmente, personalmente, situándose todo el tiempo en función de cómo va su propia historia personal. Eso es un problema que afecta a muchas mujeres. Entonces, si encima ha sido educada para vivir*

en el reflejo... Es decir, yo realmente existo si el otro me hace caso, si mis hijos están bien...

S.: *Si no veo ese reflejo, no me siento. Lo que pasa es que llegar a integrar eso es todo un proceso, ¿no?*

T.: *Sí, sí, exactamente. Es un proceso.*

A primera vista, Silvia parece obedecer al patrón prototípico de las personas afectivamente «dependientes»: baja autoestima, idealización y necesidad excesiva del otro, intolerancia a la soledad, etc. Pero a la vez, si atendemos al desarrollo de la entrevista se ponen de manifiesto otros aspectos que son contextuales, como el modelaje educativo de la mujer, o evolutivos, como el proceso de desarrollo personal hacia la autonomía, o estratégicos, como la necesidad de agradar o cuidar para asegurar los vínculos afectivos, entre otros. Justamente, la pareja de Silvia y Jordi no cumple el estereotipo de «mujer débil y sumisa, fácilmente manipulable busca hombre egocéntrico, dominante e insensible», como para etiquetar su relación de dependencia emocional enfermiza por parte de ella y narcisismo patológico por parte de él, sino que permite ver la dependencia afectiva, como resultado de un proceso personal e interpersonal reconducible en función del desarrollo y de la dialéctica relacional.

La estrategia del camaleón

Hay que entender las relaciones en su contexto cultural y evolutivo, en el que estrategias como querer agradar al otro son tácticas intuitivas que pueden marcar la relación ya en sus orígenes. Esta característica, por ejemplo, condicionó las principales relaciones de Jane Fonda (2005) durante toda su vida afectiva, tal como cuenta en sus memorias:

Se ha hablado mucho, y a menudo mal, de las distintas facetas de mi vida y su repercusión pública, de las distintas personalidades que he ido adoptando y de los diferentes rostros que parecía tener con cada hombre que iba surgiendo en mi vida. Ahora por fin lo entiendo todo: salí de mí misma, de mi cuerpo, muy pronto en la vida, y una gran parte de mi vida ha sido una búsqueda, un intento de volver a encarnarme en el lugar que me corresponde. Esto no lo entendí hasta que llegué a los sesenta y tantos años y empecé a escribir este libro. Mientras tanto, fui todo lo que quisieron mis maridos: con Roger Vadim, la mujercita sexual, con Tom Hayden, la revolucionaria, y con Ted Turner, la señora del magnate...

Desde los diez años juré que haría lo que fuera para ser perfecta y que un hombre me quisiera. He sido una víctima de la cultura de la perfección, por eso me aumenté el pecho. Luego, ya separada de Ted, me quité los implantes y me di cuenta de que no era la misma mujer. [...] Yo siempre elegí a los hombres porque pensaba que podían hacerme mejorar, pero a la vez hacía todo lo que podía de forma enfermiza para agradarles. Me vestía para Roger, a él le gustaba llevar un icono sexual a su lado, así que siempre iba con minifalda... Mis tres maridos, yo misma y muchas personas que conozco estábamos vacías por dentro y rellenábamos ese vacío con adicciones.

Cuando se tiene una adicción, en mi caso a la comida (he sido bulímica y anoréxica durante dos décadas), a las compras, a las drogas y al alcohol, es una forma de rellenar el vacío... Si viera en mi nieta algún indicio de la enfermedad que yo he sufrido, complacer a los demás a toda costa, hablaría con ella, o mejor, directamente le daría mi libro.

El caso de Jane Fonda responde a una estrategia evolutiva, la *acomodación,* muy presente en el mundo animal, como, por ejemplo, en el comportamiento supuestamente mimético del camaleón. Esta estrategia respondía, ya desde los diez años, a un propósito: «ser perfecta para agradar a los hombres» y eso es lo que hizo, adaptarse a los gustos de cada una de sus sucesivas parejas.

Esta concepción del propio ser como un ser para el otro, *être pour autrui,* subyace a muchas relaciones amorosas, afectando a veces a aspectos más o menos superficiales como la apariencia física, el vestir, las modificaciones corporales estéticas, etc. En esos casos, como el de Jane Fonda, esta adaptación era sistemática en relación a los gustos de las sucesivas parejas y no dependía de que ellos se lo exigieran, sino que nacía de su propia iniciativa, analizaba sus gustos para adaptarse a ellos. Y eso le hacía sentir bien consigo misma. Ponía de manifiesto su capacidad de transformación para representar los más diversos personajes, sexy, revolucionaria, potentada.

MODALIDADES DE DEPENDENCIA AFECTIVA

La pareja formada por Javier y Ángela conciben la relación como una *fusión* a dos en la que se pierde la diferencia individual para dar lugar a una especie de organismo único, el andrógino, que actúa, piensa y siente como una sola persona. Silvia imagina llegar a un resultado parecido, no por vía de la fusión sino de la *correspondencia* o del intercambio mutuo: si yo te lo doy todo y tú me lo das todo nos llenamos plenamente. Jane Fonda no pregunta ni espera la respuesta, adivina, se anticipa, simplemente se *mimetiza,* convirtiéndose en la sombra del compañero de turno, segura de estar siempre a su lado. Todas ellas son formas de concebir la relación o estrategias para llevarla a cabo, que implican invariablemente una dependencia como mínimo de uno de los miembros de la relación, cuyo coste principal es la pérdida de posibilidad de desarrollo de la autonomía.

Para nuestro objetivo lo que nos interesa es detectar aquellas condiciones relacionales que, en lugar de estimular o permitir la formación de estructuras de regulación autónoma, la impiden o limitan, generando mayor dependencia. Si imaginamos una relación de pareja en términos de una inversión de capital, la fusión significa que si se pierde la inversión, se pierde el capital; el intercambio simplemente lo que hace es cambiar de manos las acciones, sin añadir nada nuevo al capital inicial; otra estrategia es la *cesión,* que, como en la antigua Roma, suponía que la mujer no podía administrar sus bienes personales y estos pasaban a manos del marido. Para algunas mujeres esta entrega total de sí mismas, de sus bienes y su destino en manos del amante continúa siendo la mayor demostración de amor.

Eco, la ninfa sin voz propia

Eco, nombre metafórico otorgado a una paciente de 46 años, en referencia a la ninfa enamorada de Narciso que carecía de voz propia, llega a terapia de grupo con un diagnóstico de «depresión mayor recurrente», por el que ha obtenido un grado de invalidez total, y con un historial de tres ingresos de urgencia en un hospital psiquiátrico por otros tantos intentos de suicidio, relacionados con la separación de su pareja. El proceso terapéutico proporciona a Eco la oportunidad de aprender del gran error de su vida, que en sus propias palabras es el de haberlo dado todo, haber confiado demasiado, haber puesto su vida en manos del otro. Esta característica se pone particularmente de manifiesto en la relación de pareja que se prolongó por un periodo de diez años y de la que se separó hace otros diez, después de descubrir una infidelidad de él.

> ECO: *¿Qué he hecho yo para llegar a este punto?*
> TERAPEUTA: *En lugar de preguntarte qué, puedes preguntarte cómo. ¿Cómo lo he hecho?*
> E.: *Mal, muy mal... Supongo que sí, porque me sentí engañada.*
> T.: *Te sentiste engañada. ¿De qué manera?*
> E.: *Mientras duró el noviazgo, él estaba en Barcelona, y yo estaba en mi casa, en mi ciudad natal. Cuando nos casamos yo lo dejé todo, casa, familia, ciudad, amigos, trabajo, lo hice para estar con él.*
> T.: *Empecemos por ahí. Tú lo dejas todo por él. ¿Por qué lo haces?*
> E.: *Porque lo quiero. Pero después de me doy cuenta de que él no me quería tanto, pienso yo. La decisión de venir a vivir a Barcelona fue para no cortarle las alas a él, mientras yo lo perdía todo. Él tenía muchas posibilidades de prosperar. Y yo no. Es una decisión que tuve que tomar yo sola. Él no se quiso implicar nunca; decía que era una decisión exclusivamente mía.*
> T.: *Había una desigualdad en la que él ocupaba una posición superior. Renunciabas a tu promoción por la de él. ¿Y esto, ahora, cómo lo ves?*
> E.: *Una gilipollez; no tenía que haberlo hecho. El peso de todo recayó en mí. Si me equivocaba, no podía pedir nada a cambio. Me volví loca.*

T.: *¿Esa falta de apoyo fue en toda la relación, desde su inicio?*
E.: *Sí.*
T.: *¿Y no lo habías detectado antes?*
E.: *No. Este fue mi gran fallo.*
T.: *Entonces, ¿qué pudiste aprender de esto?*
E.: *¿Qué aprendí? Que no lo supe ver. ¿Por qué no lo supe ver? Porque estaba muy ciega. No supe ver lo que se me venía encima.*
T.: *No te tomaste en cuenta a ti misma.*
E.: *No. Confié demasiado. Lo di todo para no recibir nada. Como siempre…*
T.: *Eso quiere decir que tú has delegado demasiado tu poder en los demás.*
E.: *Me han relegado. No es que yo haya delegado, es que me han relegado.*
T.: *Ellos te han relegado porque tú has delegado. Si ahora pudieras rehacer la situación, ¿qué harías distinto?*
E.: *Estaría sentada en un banco en mi pueblo, hablando con mis amigas. Lo tengo muy claro. Por mucho que lo hubiera querido. Es el error mayor que he hecho en mi vida y me arrepentiré siempre.*

El caso de Eco plantea una pregunta inquietante. ¿Lo habría dejado todo por su pareja si vivir con él no hubiera implicado el traslado físico de residencia, dejando su ciudad natal, su familia, sus amistades, su trabajo? Modifiquemos una sola variable de la historia, que su pareja residiese en su misma ciudad. ¿No habría cambiado esta circunstancia las condiciones de la relación? Sin esa renuncia inicial, abandonar su ciudad natal para venir a vivir con él a Barcelona, posiblemente no se habrían dado las condiciones para la dependencia afectiva hacia la pareja, Eco no se habría quedado sin voz propia ni habría llegado a terapia después de tres intentos de suicidio.

En muchas ocasiones una inversión inicial condiciona todo el resto de inversiones sucesivas. Es la lógica del ludópata, si me lo juego todo a una carta continúo apostando a la misma, porque no puede ser que lo pierda todo. Hay que recuperar la inversión, invirtiendo de nuevo en ella. No me puedo haber equivocado tanto. Eco habla de error, de ceguera, de engaño, y como ella la mayoría de testimonios que encontraremos a lo largo de este texto. La cuestión que aparece a continuación es la relativa a su condición previa de personalidad dependiente. ¿Era Eco una persona dependiente o predispuesta a la dependencia o se volvió dependiente en el contexto de la relación a causa del elevado número de renuncias que implicaba? Con anterioridad al establecimiento de su relación matrimonial, Eco se mostraba más bien independiente, porque ella antes se sentía libre, «iba a su bola», no era una persona que se planteara la pareja como una opción. Había tenido rollos, pero con chicos de fuera de su ciudad natal, nadie se había enterado. No quería compromisos que una vez contraídos le privaran de su libertad. Pero es eso exactamente lo que pasó. Eco se vació totalmente en la relación y vacía se quedó cuando esta se acabó.

El hechizo

El caso siguiente, parece, por el contrario, obedecer a la lógica opuesta. Como en el rapto de Europa, la mujer es abducida o seducida por el amante de modo que queda anulada y totalmente sometida a su poder. Su posición existencial parece responder, como confesará en un momento del diálogo terapéutico, a «una predisposición a que alguien te venga y te lleve».

Gema es una paciente de 36 años que asiste a un grupo de terapia. Presenta una sintomatología depresiva muy grave, con ideas persistentes de suicidio, originada por un abandono amoroso por parte del padre de su única hija, Paula de 6 años, un hombre egipcio que conoció en la parada del autobús y de quien se enamoró perdidamente en el acto, llevándoselo a casa el mismo día y quedando embarazada de él al año y medio.

A este duelo hay que añadir la idea recurrente de que ella no es una buena madre y que el mejor favor que podría hacerle a su hija sería liberarle de su presencia (aquí aparecen las ideas de suicidio). Este tema recurrente se pone de manifiesto a diario, por ejemplo, a propósito de la escena de la salida de la escuela, en la que ella compara la situación de su hija, que no tiene padre, con la de otros niños que sí lo tienen.

GEMA: *Cada vez que voy a buscar al colegio a mi hija, la diferencia que encuentro es con un niño que veo que unas veces lo recoge su padre, otras su madre, y a mi hija nunca va a buscarla su padre.*
TERAPEUTA: *Ese es el problema. Un padre va a buscar a su hijo. ¿Te gustaría que este señor* (en referencia al padre biológico de la niña) *en concreto...?*
G.: *¡No, no, no! Un padre, como tiene que ser y una pareja como tiene que ser... El padre de mi hija, él, concretamente, no; prefiero que así, no..., lo que es un padre, una pareja normal.*
T.: *Pero vamos a ver, lo que es un padre no es un padre, es fulano de tal, o fulano de cual, que resulta que es padre o no es padre; o sea, un padre en abstracto no existe.*
G.: *Pero mi pareja sí, porque mi hija, pues, no tiene un padre...*

El motivo de esta ausencia paterna a la hora de recoger la niña en la escuela es la separación y el alejamiento del padre a los pocos días de nacer la hija, del que ella se culpa, por haberse equivocado en la elección de pareja.

G.: *Porque mi intención no era esta, mi intención era tener un hijo con este señor que a primera vista era una maravilla y luego ha resultado que no.*
T.: *A primera vista... Cuando conoces a una persona, no tienes tiempo a primera vista para darte cuenta de cómo es esa persona.*
G.: *Hombre, antes de quedarme embarazada estuve un año y pico tratándolo. Una persona como esa... Tendría que haberme dado cuenta...*
T.: *Tú te has dejado llevar por la situación y esta es tu responsabilidad. Si ese señor no te gusta que haga de padre, no desees un padre para tu hija, porque ya lo tiene y ese no le conviene. Y acepta que eso es así y da gracias de que, si no lo viste antes, lo viste después; porque después de haber tenido a la niña tardaste cinco días en echarlo a la calle, ¿no?*

G.: *No pude echarlo antes porque estaba en el hospital.*

T.: *Pues, fíjate, lo que no hiciste en un año y medio lo hiciste en cinco días, ¡pues ya está! Lo que pasa es que estás como peleada contigo misma, por no haberlo visto antes, por no ser lo que tendría que ser y constantemente te estás distanciando de lo que es.*

G.: *Exactamente, el problema no es que quiero lo que no es, sino que lo que es a mí no me vale. Y como no me vale, estoy mal conmigo y ya estoy mal con muchas cosas.*

T.: *No puedes estar en paz y tener una relación tranquila con tu hija mientras tú estés peleada contigo misma. Pero vamos a ver, ¿tú has aceptado estos fallos?*

G.: *Pero hay otra cuestión, antes: ¿por qué yo he cometido tantos fallos? ¿Por qué siempre el mismo fallo?*

Gema es consciente de su error, pero continúa apegada a la imagen de su expareja, porque idealmente continúa abducida por él, tal como pone de relieve la situación que acaba de vivir en el día de ayer y que cuenta a continuación.

G.: *No me perdono a mí misma que, después de años de haber llegado a la situación en la que estoy, haya cosas que no haya podido superar. Porque ayer me pasó una cosa que tengo que explicar: voy a Barcelona en mi coche y estoy en el principio de Paseo de Gracia y voy a llegar al semáforo. Hay un coche delante de mí y entonces veo que está esperando para cruzar el paso de peatones... ¿A quién? Al padre de mi hija, mejor que nunca, bronceado, súper bien vestido. ¡Me quedé! Yo pensaba que tenía cosas superadas y no; empecé a temblar, me puse mal. Se me paró el coche, no sabía dónde estaba; la rodilla me botaba, un ataque de pánico, y lo peor de todo es que me faltó esto* (señala un trocito de dedo) *¿eh? Porque me parece que tarda un poco, porque él ya cruzaba, pero tengo cinco segundos más y lo llamo. Luego, no atinaba ni a arrancar el coche... Ni sabía dónde estaba; tuve que preguntar dónde estaba, aparqué el coche a un lado, paré y me pregunté: «¿Qué ibas a hacer? ¿Qué tontería ibas a hacer? Llamarlo ¿para qué?». Había dos posibilidades: que directamente se ponga a insultarme o que muy amablemente* *me pregunte por mi hija, se interese y tal. ¿Para qué? Para tenerlo otra vez aquí, dándome la lata. Pero ¿por qué tuve yo esta reacción que me puse a temblar para llamarlo, después de todo el sofocón que me había llevado? No me puse así por la alegría de verlo, porque no me alegré de verlo. Entonces, ¿por qué me pasó esto al verlo? ¿Por qué?*

T.: *Tú dices que estabas en el semáforo. El semáforo estaba en rojo y de repente tú ves a ese señor. Lo has descrito. ¿Cómo lo has descrito?*

G.: *La verdad, que estupendo. Físicamente mejor que nunca. Él estaba parado, empezaba a cruzar, es que tuve tiempo de...*

T.: *De contemplarlo.*

G.: *Lo tenía delante... Los ojos se me quedaron así* (abre las palmas de las manos a la altura de los ojos), *como platos. Me quedé...*

T.: *Quedaste hechizada.*

G.: *Quedé acojonada.*

T.: *No; quedaste hechizada y luego te espantaste de haberte hechizado. Te quedaste hechizada. Y este hechizo te puede hacer lo que te hizo hacer hace años. ¿Por qué te hechizas? Esa es la pregunta.*

G.: *Sí, sí, sí, tienes razón. No hubiera sido una conversación de «hola cómo estás, y hasta dentro de 10 años». Hubiera sido para enfrentarnos ahí mismo, que yo no necesitaba buscar pelea, ni disgusto, o hubiera servido para otra vez darle pie a él.*

T.: *Lo que te atrajo de él fue el hechizo, como aquel día en la Plaza Cataluña, mientras esperabas el autobús, y él se sentó a tu lado, ese es el hechizo.*

G.: *Sí, pero aquel día yo no sabía qué clase de individuo era él...*

T.: *Evidentemente. Y ayer cuando lo viste, te dejaste deslumbrar por su imagen, ese es el punto débil que tienes.*

G.: *Por lo de ayer, deduzco una cosa: si él me ve a mí y viene y me dice «hola, Gema, qué tal», o lo que sea, yo le hubiera dado paso. Y si un día me viene como si no hubiera pasado nada, tan amigos.*

T.: *Pues ahí está... ¿Qué te parece?*

G.: *Pues esto me preocupa... Es que yo no tengo sentimiento de amor hacia él. Es un deslumbramiento.*

T.: *Hay por ahí algo que tiene que ver con la atracción...*

G.: *¡Qué atracción! Es un hombre normal y corriente...*

T.: *No, vamos a ver, ¿qué tiene él que te atrajo?*

G.: *No lo sé, después de todo lo que me ha hecho… Igual es el sentimiento de que con esa persona has compartido sentimientos, o tienes una hija, no sé…*

T.: *Remítete a la escena de la Plaza Cataluña. ¿Qué te atrajo de él?*

G.: *Lo que me atrajo de él, no sé, ni lo miraba, estaba así con los ojos cerrados, estaba sola supongo. Es que mi punto débil es la soledad, es que con la soledad yo fallo mucho…*

Solo después de reconocer sus puntos débiles, Gema llega a comprender que el hechizo que su ex ejerce sobre ella se basa en la proyección de complementariedad que su sola presencia provoca en ella. Cuanto más débil y abandonada se muestre ella, tanto más incitará la fuerza salvadora de él, como en el cuento de la «bella durmiente». Así se libera de la responsabilidad de hacerse cargo de sí misma, puesto que será despertada de su largo sueño por un beso de su príncipe salvador. Esta es la fantasía que subyace a muchas de las dependencias afectivas; abandonarse o entregarse como máxima expresión de amor: *«perchè io senza di te, mi perderei»*, como canta Mina en diálogo con Adriano Celentano, o «porque yo sin ti no soy nada» de Amaral.

T.: *Pero algo habría en él, ya sea físico, o la actitud, o la manera de presentarse, o de hablar, o la voz… Algo habría que te estaba diciendo ese va a colmar mi soledad.*

G.: *Era un conjunto: su manera de hablar, su forma de vestir, su aspecto físico, no sé, el entrar como de amistad, no sé, es como si tienes una predisposición a que alguien te venga y te lleve.*

T.: *Seguro que esta persona tiene alguna cosa. A lo mejor su forma de vestir te sugiere formalidad, una seguridad, o una estabilidad; o sea, algún rasgo que a ti te atrae y te atrae por alguna cosa; la apariencia…*

G.: *Yo me fijé poco tiempo, pero me fijé mucho. La apariencia; es que aparentemente las cosas le van muy bien, porque para ir tan cuidado… Yo cuando estoy hecha polvo no tengo ganas ni de vestirme, y a lo mejor también te comparas muy rápidamente cómo está él y cómo estás tú… Yo me veía hecha polvo al lado de él… Y después hay una cosa que no he*

*dicho: a lo largo de todo el día tuve un sentimiento de dolor, de tristeza
y dolor. Reviví todo el dolor que había vivido durante un cierto tiempo,
como cuando yo estaba embarazada y vomitaba y él se iba.*
T.: *Y que dormías en el suelo.*
G.: *Y dormía en el suelo, sí. Una semana estuve durmiendo en el suelo,
porque nos pilló en el traslado del piso; como yo tenía problemas de dormir él se quejaba de que no le dejaba dormir. Yo me levanté de mi cama
y me estiré en el suelo. Y él ni se dignaba preguntarme «oye, ¿qué haces,
estando embarazada de ocho meses, durmiendo en el suelo?».*
T.: *¡Y a eso le llamas amor!*
G.: *Sí, pero ese no fue mi primer sentimiento, ni el segundo, fue el tercero… Verlo me produjo mucho daño, mucho dolor… Y literalmente
me sentí una mierda como persona, como un sentimiento de que todo lo
has hecho mal, que tu vida no tiene sentido: vivir, ¿para qué? Ese es el
sentimiento que me produce. ¿Vivir, para qué?*
T.: *Vamos a ver. Hay dos cosas. Una, tú hablas de mucho dolor. El dolor
es ese crisol en el que se puede aprender. Tenemos que aprender del dolor.
Si te ha dolido tanto, a ver, ¿por qué no aprendo de una vez? ¿O es que
quiero continuar sufriendo y estar siempre viviendo con ansiedad?*
G.: *Yo no quiero vivir así.*
T.: *Pues, ese dolor, ¡aprovéchalo! ¡Aprovéchalo para aprender! Nunca
más dejarme hechizar por alguien que no me merece, porque sobre todo
este alguien encima está reforzando mi dependencia, porque me estoy
enamorando de alguien que yo imagino que puede colmar mis déficits… Y ahora viene la segunda parte. Igual que hay cosas de él que te
atrajeron, seguro que hay aspectos tuyos que lo atrajeron a él, por eso se
acercó a ti, y es posible, porque eso sucede con muchos hombres, que se
enamoran de mujeres que ven o encuentran en un estado lamentable,
porque ellos que van así como de príncipes azules van a salvar a la Bella
Durmiente y la van a hacer vivir. Ellos le darán la vida y están seguros
de que tienen a alguien completamente sumisa, porque son incapaces
de llevar una relación con una persona que se aguante sobre sus pies.
Esos hombres no son valientes, son cobardes, son dominantes, pero no
valientes, ni fuertes porque solo se pueden relacionar con mujeres que
no se aguantan. De eso es de lo que tú tienes que aprender: tú te tienes*

que aguantar sobre tus pies, no tienes que esperar que alguien te venga a sostener. Detrás de esa idea, que dices tú que te enseñaron, hay una expectativa de que venga alguien que sea un pater familias *estupendo, un marido fenomenal, rico, famoso, seguro, amante amoroso y que me lleve «así», en volandas. Y ya está.*

G.: *Exactamente eso es lo que toda mi vida he esperado.*

T.: *Pues mientras no renuncies a ese sueño, que no es solamente lo que te enseñaron, sino que es un sueño… Tú puedes encontrar una pareja que se aguante muy bien sobre sus pies y tú sobre los tuyos y viváis muy bien. Y ya está. Pero no puedes esperar a que venga alguien a solucionarte la vida porque vais a ser él un desgraciado y tú una desgraciada.*

G.: *¿Qué es lo que no he entendido?*

T.: *No has entendido que hay una serie de necesidades tuyas, cuya satisfacción depositas en otro, en una imagen. Y que, cuando encuentras la imagen que coincide, entonces, ¡plaf! Te hechizas y te dejas arrebatar. Porque piensas que esas necesidades tuyas te las tiene que satisfacer otro y no te las satisfaces tú. Y eso es lo que te saca de ti y te ata al otro.*

G.: *Sí, eso es lo que yo sentí, que estaba atada a algo, que tenía una atracción con este señor de alguna manera, que algo teníamos en conexión, cuando no es así, porque ya las cosas estaban más que claras. Pero yo sentía como que algo me conectaba, ¿no?*

T.: *Claro… Tú te conectas en la medida en que necesitas al otro, no en la medida en que eres tú misma…*

Dependencia afectiva en el contexto relacional

Si tomamos como referencia algunos de los casos descritos hasta el momento se nos ponen de manifiesto actitudes muy diversas ante el desarrollo de la dependencia afectiva, que vienen a contradecir el supuesto de una predisposición caracterial a la misma. Manuel Escudero (2020), por ejemplo, escribe:

son individuos de personalidad débil y fácilmente manipulable, además de tener baja autoestima y un pobre concepto de sí mismos, estas personas se fijan en quienes son egocéntricos, petulantes, con mucha seguridad en sí mismas, impredecibles, dominantes y de muy baja afectividad. Por lo tanto, no solo se convertirán en dependientes de alguien, sino de alguien que no satisfará sus necesidades afectivas.

Esta descripción podría aplicarse con propiedad posiblemente en el caso de Gema, que acabamos de describir, pero no coincidiría con los de Eco, Silvia o Ángela, por ejemplo, en este mismo capítulo, y otros muchos que veremos a lo largo de este texto.

En esta explicación del fenómeno de la dependencia afectiva, basada en la atribución a características de personalidad de ambas partes (débiles-dominantes), no se tienen en cuenta ni el momento vital (evolutivo/existencial), ni las condiciones sociales, culturales o contextuales en que se produce. Tampoco la perspectiva de género (dinámica de la relación hombre-mujer), ni la conceptualización o idealización del amor y la confusión entre amor y pasión.

Las personas, al menos en general, no tienen dependencia afectiva, sino que se pueden hallar en situación de dependencia. Si fueran dependientes afectivas, lo serían también fuera de la relación, lo que equivaldría a un trastorno de personalidad por dependencia, que el DSM-V define como «necesidad dominante y excesiva de ser cuidado, que conlleva un patrón comportamental de sumisión, apego exagerado y miedo a la separación».

En este libro planteamos una visión del fenómeno de la dependencia afectiva en un contexto relacional en el que no importan tanto las predisposiciones específicas personales de los actores —que también— sino su posicionamiento en la relación. Ello da pie a diversas y complejas combinaciones que precisan de un examen particularizado en cada caso y rehúyen generalizaciones o simplificaciones al uso. Siempre con la mirada puesta en el objetivo terapéutico, nos interesa mantener una visión no determinista que permita entender el pasaje por la dependencia afectiva como un proceso transformativo, con frecuencia laborioso y doloroso, hacia la autonomía personal.

3. Dependencia en las relaciones de pareja

El primer momento en el amor es que no
quiero ser una persona independiente

G.F.W. Hegel

Sobre la dependencia en las relaciones de pareja

Nos enamoramos para ser más eficaces reproduciéndonos, pero eso no nos hace forzosamente más felices. A la fase inicial del enamoramiento le sigue la de constitución de la pareja, en la que se desencadena un mecanismo casi adictivo en el que se hallan involucrados nuestros opiáceos endógenos como la encefalina y las endorfinas que se liberan cada vez que sentimos placer, satisfacción y bienestar.

Esos mecanismos de refuerzo hedonista pueden disponer fácilmente al desarrollo de una dependencia afectiva, como ponen de manifiesto la experiencia ansiosa de privación y los intentos de recuperación desesperada cuando se produce una ruptura o el cese de la relación. Además del enganche bioquímico, dice Morgado (2006), influye también la presión social: la comunidad favorece o entorpece las relaciones amorosas a medida que de la lujuria con testosterona se pasa a la pasión con feniletilamina y al vínculo con vasopresina y oxitocina. Pero sobre todo influyen la fantasía sobre la que se haya construido la relación y las expectativas de propia realización que se hayan depositado en ella.

En esas condiciones es fácil que se desarrollen las premisas para el establecimiento de relaciones de dependencia. Para algunas personas, la experiencia del enamoramiento predispone a un cierto ablandamiento de sus propias estructuras o confines de identidad, de modo que se aproximan a la relación amorosa con una actitud acomodaticia o dimisionaria de sí mismas, hasta el extremo de confundir la posición sumisa o dependiente con una demostración o prueba de amor verdadero. Émulas de Griselda, la pastora del cuento de Boccaccio, se enamoran de su propia capacidad de entrega, de modo que aunque en otras áreas de la vida puedan ser o mostrarse totalmente independientes, o estar convencidas de haberlo sido antes de enamorarse, una vez se han derretido en el fuego del amor se sienten incapaces de volver a recuperarse o a reencontrarse a sí mismas como personas, puesto que, o bien por su concepción romántica del amor o bien porque se han anulado efectivamente en una relación de dependencia, ya no saben vivir fuera de ella por muy destructiva que sea.

Aunque, naturalmente, existen personas con una predisposición casi patológica a la dependencia, rayana en un trastorno límite de personalidad, caracterizado por baja autoestima, miedo o intolerancia a la soledad y tendencia a establecer secuencialmente relaciones de pareja desequilibradas, que Castelló (2006) califica como «dependientes emocionales», nosotros, sin excluir la existencia de tales perfiles de personalidad, preferimos entender el concepto de dependencia en un contexto relacional, en el que esta no es generalmente la causa sino la consecuencia de las modalidades relativas a la combinación de los vectores simetría-complementariedad con los que se establece la relación, pudiendo atrapar tanto a personas con una predisposición específica como a personas carentes de ella.

Esto explicaría por qué ciertas personas pueden desarrollar una dependencia en una relación dada y no hacerlo en una anterior o posterior, así como aprender de los errores o evolucionar en la concepción de la pareja, mientras que otras parecen condenadas a repetir el mismo esquema con independencia de sus parejas. Dicho de otro modo, que la dependencia y las posibles modalidades que pueda ir adoptando son cosa de dos, de los juegos de poder y las formas de complementariedad que adoptan en su relación, aunque, evidentemente, alguien puede desarrollarla *in absentia* o, incluso, en la fantasía o el recuerdo. También puede suceder que uno de los miembros de la pareja se obstine en ponerse en situación de sumisión o dependencia, mientras que el otro se muestre totalmente renuente a ello; o, viceversa, que uno de los dos intente definirla desde la posición de dominancia y no lo consiga a causa de la resistencia de la otra parte.

CONDICIONES PARA LA DEPENDENCIA EN LAS RELACIONES DE PAREJA

Aunque, de acuerdo con los estereotipos dominantes, hombres y mujeres no busquen exactamente las mismas cosas en una relación de pareja, sus necesidades, sin embargo, son complementarias y se considera que el éxito de una pareja está en la búsqueda y consecución de su satisfacción, sin que ello desate los temores de unos y otros, capaces de destruir la relación

Francesco Alberoni (1986) establece la distinción fundamental entre el erotismo masculino y femenino en función de la dimensión continuidad-discontinuidad, cuyo fundamento se halla en la diferencia orgásmica entre sexos. El orgasmo significa para el hombre el final de un ciclo de excitación-eyaculación que se cierra sobre sí mismo. Para la mujer el orgasmo es el estado de activación sexual que se expande por todo su cuerpo de manera continuada y la dispone a la entrega sin recelo de sí misma.

Si una pareja hace el amor a lo largo de unas horas durante una noche, tal experiencia dará lugar a dos construcciones o relatos distintos. El hombre dirá: «esta noche hemos hecho varias veces (seguramente sabrá contarlas con exactitud) el amor», en referencia al número de ciclos completos que habrá iniciado y culminado desde que se acostaron; la mujer dirá: «hemos estado haciendo el amor toda la noche», indicando la continuidad del estado erótico en que se ha visto envuelta como si se tratara de un único ciclo.

En general, en los hombres, después del acto sexual se produce una pérdida de interés por la mujer, cuyo máximo exponente se da en la relación con la prostituta, la cual deja de ser objeto de deseo una vez satisfechas sus necesidades. El deseo de la mujer, en cambio, de quedarse con el hombre después del orgasmo es mucho más fuerte, porque el orgasmo en la mujer es mucho más prolongado, pero, sobre todo, porque siente la necesidad de ser deseada, de gustar de una forma continuada, durante un lapso largo de tiempo.

Cuando las mujeres dicen que les gusta la ternura, las caricias, y que incluso las prefieren al acto sexual, aluden a la necesidad de una atención amorosa continuada, un interés permanente por su persona. Existe, pues, una diversa estructura temporal de los sexos. Se da una preferencia profunda del sexo femenino por la continuidad y una preferencia profunda del sexo masculino por la discontinuidad y la variedad. La contraposición continuidad-discontinuidad, concluye Alberoni (1986), constituye el eje fundamental de la diferencia masculino-femenino.

El hombre con su sexualidad discontinua, con su tendencia a identificar erotismo con orgasmo, no puede adherirse a un erotismo difuso, amoroso, cutáneo, perfumado, táctil, donde los orgasmos se sucedan ininterrumpidamente y donde el abrazo erótico parezca que vaya a durar ilimitadamente... La discontinuidad masculina vive de esta ilusión de reinicio, de sorpresa, de diversidad, de descubrimiento. Por eso su interés en explorar relaciones nuevas. La demanda femenina de fidelidad le espanta y destruye su erotismo porque tiene el rostro de la cotidianidad, de la repetición, de la obligación. Si se le presenta el sexo como continuidad y repetición, entonces se produce en él un profundo desinterés y rechazo que se transforma en impotencia. Al igual que la frigidez femenina aparece como respuesta a la falta de seducción masculina.

El deseo de continuidad por parte de la mujer se manifiesta de muchas maneras. Aprecia todos los actos que significan la continuidad del interés: una llamada, un mensaje, un ramo de flores, un cumplido. La mujer aprecia igualmente la conversación amorosa, las caricias, los abrazos, la comprensión y la escucha amorosa, no solo esporádicamente, como momentos robados a otras actividades, sino durante larguísimos períodos, como si se tratara de una luna de miel inacabable. Imagina que viviendo al lado de su amado ininterrumpidamente realizará la continuidad de su erotismo. Por eso, su modo de entender el amor se identifica con la fusión, como forma de asegurar la permanencia con el amado, desapareciendo en él, diluyéndose en su mundo, siguiéndolo allí donde vaya, a fin de garantizar la continuidad. Por eso la mujer vela por su amor y mira de mantenerlo vivo en ella y en su pareja. Procura que no se rompa nunca este hilo inestable que es la atracción erótica. A fin de asegurarse la retención del amado teje a su alrededor una espesa telaraña compuesta de hilos de confort y bienestar: la casa, la decoración, las comiditas, el cuidado de la ropa, el ambiente acogedor, como extensiones de su propio cuerpo que lo envuelven y donde ella se reencuentra; en este contexto hogareño el hijo se concibe como una prolongación de sí misma, fruto de la fusión. Cuando se siente insegura de ella misma, de su capacidad de seducción, tiende a acentuar todavía más la necesidad de continuidad. Se mantendrá ligada a su pareja de manera casi obsesiva por el miedo a perderlo. Por él estará dispuesta a renunciar a todas las oportunidades de la vida, a su carrera y hasta a desprenderse o prescindir de los hijos, sembrando con ello las semillas de la dependencia en el establecimiento de la relación.

En el centro del erotismo masculino y de sus fantasías encontramos la discontinuidad del placer. El objeto del deseo erótico masculino es un medio para satisfacer una necesidad; puede ser el preludio del amor, pero no es amor, no se guía por el bien o ni siquiera el placer del otro, sino por el propio placer. Seducido por el poder de atracción del objeto, se deja llevar por él, aunque luego presume de haberlo conquistado o comprado, a fin de mantenerse a salvo de la fusión. Por eso, congruente con su construcción discontinua del erotismo, vive el amor como posesión, con todos los derechos, pero sin ningún deber u obligación, concepción que se halla a la raíz del dominio o el maltrato en la relación. Puedo asegurarme la disponibilidad del objeto erótico si me pertenece a través de la conquista o la adquisición, de ese modo puedo tomarlo o dejarlo a placer, según el capricho del momento, estableciendo una base segura para la discontinuidad.

La fantasía erótica masculina se halla en las antípodas de la responsabilidad y el compromiso. Las mujeres que responden a esta fantasía masculina se presentan como mujeres deseosas de ser poseídas sin exigir nada a cambio. No superan a otras mujeres en belleza, sino en disponibilidad (Marilyn Monroe, Brigitte Bardot), esto es lo que las convierte en símbolos sexuales, sin exigencias de matrimonio, familia, hijos, ni de fidelidad, siempre rendidas a los pies del amado. En este sentido la fantasía erótica masculina se opone a la femenina. Si esta busca la continuidad, la intimidad y la vida en común, la otra se esfuerza en excluir el amor, el compromiso. La mujer se esfuerza en retener al hombre, pero este hace todo lo posible para conservar su caprichosa libertad.

LOS VECTORES ESTRUCTURALES CONSTITUTIVOS DE LA RELACIÓN DE PAREJA

Establecer un intento de unión entre estas dos tendencias eróticas opuestas, continuidad *vs.* discontinuidad, fusión *vs.* posesión, no puede ser más que el resultado de una dialéctica siempre sutil e inestable. Para que esto sea posible el erotismo debe dar paso al enamoramiento, por el que la mujer objeto de deseo deje de ser impersonal para convertirse en la «elegida», reconocida por el hombre como persona digna de ser amada por sí misma. El amor recíproco se basa en el reconocimiento recíproco. El hombre se esfuerza en la conquista de la mujer y la mujer se rinde al hombre para hacer posible la entrega y la unión, donde idealmente ambos deseos puedan confluir.

El enamoramiento supone el descubrimiento del valor de aquella persona única, sobre la que proyectamos nuestra necesidad de trascendencia, con la que creemos que es posible alcanzar el absoluto. Si bien esta proyección es una quimera, posee sin embargo el poder de generar una fuerza creativa por la cual estamos dispuestos y deseosos de crear un mundo nuevo: al enamorarse el hombre y la mujer se vuelven distintos a lo que eran y más semejantes entre sí. Trascendiendo la perspectiva erótica, superando la posición egocentrada, donde uno más uno era igual a uno, el amor *(philia)* potencia a los amantes, consiguiendo que fuerzas antagónicas se disuelvan dialécticamente en una unidad mayor, donde uno más uno sean igual a dos.

El amor es un lazo y una dependencia recíproca, pero en libertad. La necesidad de institucionalizar o dar estabilidad a este lazo, es lo que ha dado origen a la constitución de la pareja, al matrimonio, a «*casa*rse» para hacer posible empíricamente la perdurabilidad del amor en un espacio común (la *casa*), donde puedan cohabitar dos mundos privados que intentan fusionarse en comunión de almas y cuerpos.

Hacer realidad esta unión, llamada pareja, concebida como un espacio donde sea posible la cohabitación de dos deseos tan opuestos como complementarios, requiere la consecución de un consenso o pacto de convivencia, que pueda convertirse en fuente de satisfacción mutua, del que es imposible, sin embargo, alejar definitivamente la amenaza de fracaso o la posibilidad de perversión, en función de las condiciones sobre las que se asiente.

En consecuencia, la constitución de una pareja implica en la práctica una negociación explícita o implícita, la mayoría de las veces, relativa a las expectativas o fantasías de complementariedad y plenitud, proyectadas sobre la relación, así como al lugar que ocupa cada uno de los miembros en el conjunto de la misma y la función que se espera que desarrolle en su seno. Supone también una distribución de los recursos que cada uno aporta, o se espera que aporte, para hacer posible la fantasía de plenitud o complementariedad.

Las coordenadas o vectores constitutivos de una relación de pareja se sustentan, por tanto, en las dimensiones de simetría y complementariedad, y sus contrarios, sobre las que se estructuran.

- *Simetría* hace referencia a la posición de poder que ocupa cada miembro de la pareja: si ambos están en una posición parecida de poder, la relación está equilibrada; de lo contrario uno de los miembros se halla en posición sumisa o de sometimiento frente a otro cuya posición es dominante o de dominancia, dando paso a una relación desequilibrada o asimétrica.

- *Complementariedad* hace referencia a la compatibilidad y suficiencia de las partes respecto al todo: si ambos se complementan mutuamente consiguiendo una mayor plenitud, la relación es satisfactoria; de lo contrario uno de los miembros o ambos se hallan en posición deficitaria frente al otro, dando paso a una relación insatisfactoria.

Un ejemplo paradigmático de relación simétrica complementaria lo constituye la cópula sexual libremente consentida y activamente deseada por ambos, donde a la estructura anatómica complementaria de los órganos se añade la coincidencia de las voluntades. La falta de alguno de estos parámetros puede derivar en insatisfacción o abusos sexuales, que pueden producirse tanto en el seno de una relación estable como fuera de ella.

El eje de simetría da lugar a un constructo o dimensión semántica bipolar, formada por los constructos «poder-sumisión».

El eje de complementariedad da lugar a un constructo o dimensión semántica bipolar, formada por los constructos «plenitud-déficit, carencia o vacío».

En nuestra propuesta aparecen dos ejes o vectores:

1. Poder-sumisión, relativa al eje de simetría.
2. Plenitud-déficit, relativa al eje de complementariedad.

El cruce de ambos ejes origina cuatro cuadrantes posibles en una relación, según la posición que ocupen sus miembros, tal como fueron descritos en una obra anterior (Villegas y Mallor, 2017) y que reproducimos aquí en la siguiente figura:

3. Dependencia en las relaciones de pareja

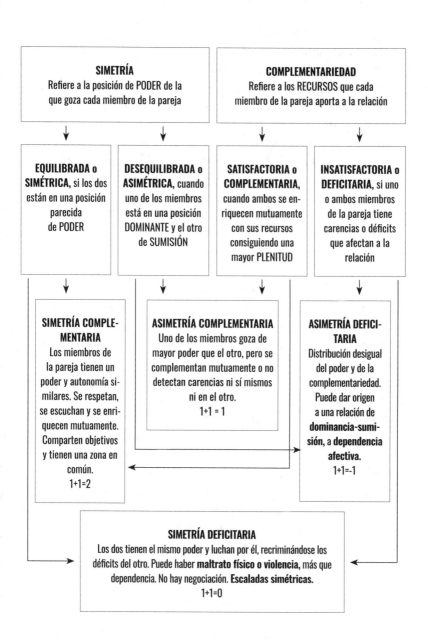

FIGURA 2 (M. VILLEGAS Y P. MALLOR)

1. Cuadrante simetría complementaria o complementariedad simétrica (ambos miembros comparten poder y plenitud en el mismo grado, aproximadamente).

2. Cuadrante simetría deficitaria o déficit simétrico (ambos miembros gozan del mismo poder, pero ambos, o uno de ellos, son claramente deficitarios).

3. Cuadrante asimetría complementaria o complementariedad asimétrica (uno de los miembros goza de mayor poder que el otro, aunque ambos se complementan o, al menos no detectan carencias en sí mismos o en el otro).

4. Cuadrante asimetría deficitaria o déficit asimétrico (uno de los miembros goza de mayor poder y recursos que el otro o bien uno detenta el poder y otro los recursos).

Tanto desde el plano fisiológico como cultural o simbólico el enamoramiento tiende a establecer relaciones vinculares muy fuertes entre los enamorados. Posiblemente las sensaciones que acompañan al enamoramiento constituyen una de las experiencias de mayor poder transformador que pueden afectar a un individuo, de modo que es posible llegar a confundir el estado de euforia fusional con la ilusión de felicidad plena. En esas condiciones, o fruto de ellas, suele imaginarse la vida en común de los amantes como la meta que corona todo el proceso.

Partimos del supuesto de que al establecer una relación, independientemente de las características individuales de cada uno de los miembros que la componen, ya que nadie nace simétrico ni complementario, se genera un ámbito de interacción en el que cada uno se posiciona en función de los vectores simetría-complementariedad en juego. Esto da origen a las diversas modalidades de relación que se construyen en el seno de cualquiera de los posibles cuadrantes.

♦ Cuadrante 1: simetría complementaria

Si la relación se establece en el cuadrante simetría-complementariedad, en el que ambos miembros de la relación se reconocen un poder y autonomía similares y unos recursos complementarios, la relación puede considerarse equilibrada.

Comparten gran parte de sus objetivos, construyendo una amplia zona en común, donde hay lugar para las diferencias, que viven como complementarias, no como antagónicas. Se respetan y se escuchan mutuamente; toman acuerdos en común y en aquellas cosas en que no coinciden permiten la discrepancia (por ejemplo, en el ámbito laboral, de la familia de origen, de las amistades o en el de las aficiones y los gustos) o la alternancia (por ejemplo, 15 días en la playa y 15 en la montaña).

Podrían vivir separados, y a veces los hacen como *singles,* pero prefieren hacerlo juntos, es más gratificante: la mutualidad o reciprocidad preside su relación. Eso significa también igualdad o reciprocidad en el deseo.

A fichar

Raquel, una paciente de 39 años, comenta con otras pacientes de un grupo que hablan de su inapetencia sexual y de las formas somáticas que asume la expresión de esta en la relación cómo ha conseguido restablecer la simetría complementaria como esposa al igual que como madre. A través de un minucioso proceso de introspección, Raquel es capaz de reconocer que su inapetencia sexual se debía no a jaquecas, cansancio o ataques de ansiedad, sino a su disconformidad con una relación insatisfactoria. Ahora que ha conseguido desenmascarar su propia trampa, Raquel ha aprendido a renegociar los términos de la relación hacia la simetría complementaria.

RAQUEL: *Lo que voy a decir, no sé si puede venir al caso o no, pero me pasó a mí hace años. A lo mejor podía estar concentrada viendo una película y de repente me daban palpitaciones. Pero enseguida me di cuenta de que eran siempre por la noche, cuando yo pensaba «ahora tengo que ir a la cama y tengo que ir con mi marido». Era la época en que yo, de sexo, nada, era una fobia, era malísimo. Y me costó mucho reconocer.*

¿Por qué empezaba a ponerme mal? ¿Por qué a esta hora? ¿Por qué por la noche? ¿Por qué en la cama? Entonces me di cuenta de que me presionaba mucho pensar que tenía que cumplir con mi marido y que yo no tenía ganas, porque no me encontraba bien.

CECI: *Eso también me pasa a mí… A ver, yo pienso, por ejemplo, que ahora no quiero hacer el amor con mi marido y me da asco, pero es porque me encuentro mal. Si yo estoy bien físicamente y me da asco y no tengo ganas, entonces es que pasa algo. Pero yo tengo comprobado que cuando estoy bien físicamente soy feliz físicamente con lo que tengo.*

R.: *Pero Ceci, yo también decía «no tengo ganas de hacer el amor porque estoy mal». No, perdona, estaba equivocada: no me gustaba la relación que tenía con mi marido. Porque no me gustaba que siempre era por la noche, siempre era de viernes, sábado, domingo. Había que fichar. Parece duro, pero es como yo lo veía. Luego, cuando no tenía ganas decía «Bueno, va, me voy a esforzar». Error, craso error. Porque eso me hacía sentir peor. Eso lo veo ahora, no lo veía antes. Entonces yo, para convencerme, decía «es que estoy mal y tal». Eso era peor, porque me hacía coger asco. No tenía apetito, pues lo mejor es decir «no, no tengo ganas». Entonces, ahora, pues lo hago, como yo quiero que sea. Si yo estoy bien durante el día, es normal que a la noche quiera estar bien con él; pero si durante el día ni me besa, ni me dice qué guapa estás, ni me mira, ni nada, que tal, que cual… Ahora toca dormir y lo demás, oye, pues no. No soy una máquina, soy una persona que necesita sentimientos.*

♦ Cuadrante 2: simetría deficitaria

Si la relación se establece en el cuadrante simetría deficitaria, igualdad de poder, pero con déficits personales en los recursos, lo más probable es que se produzca una lucha por el poder, recriminándose cada uno los déficits del otro y exigiéndose mutuamente una mayor contribución a la relación. Estas parejas, caracterizadas por fuertes carencias personales que llevan a la insatisfacción mutua, pueden romper violentamente o continuar toda la vida enzarzadas en la lucha por el poder, que naturalmente puede ejercerse de formas muy diversas, por ejemplo, a través de la crítica o descalificación sistemática del uno contra el otro. Por desgracia, pueden también implicar a los hijos, en caso de tenerlos, en esta lucha, tanto si permanecen unidos como si se separan. Las armas empleadas pueden ser similares, como la crítica, o bien distintas según las características individuales, por ejemplo los gritos o violencia física por parte del hombre y el descrédito social y familiar por parte de la mujer o viceversa, que puede resultar particularmente problemática cuando hay hijos por medio.

Cambio en las reglas del juego

Mario y Guillermina se conocen desde el Instituto. Comparten una casa grande que consta de dos viviendas. La casa tiene un jardín que constituye un espacio común, donde retoza una perra que ambos quieren como a un hijo.

A veces cohabitan y establecen un fondo económico compartido, a veces se distancian y cada uno se refugia en su propia vivienda y organiza sus gastos de forma individual. Ante amigos y conocidos pasan por una pareja perfecta, aunque entre ellos no existe ninguna vida amorosa. La razón se halla en un trastorno hipofisario de él, conocido como «galactorrea o hiperlactemia hipofisaria» que tiene como consecuencia la inhibición del deseo sexual. Esta circunstancia es celosamente ocultada al conocimiento de los demás. Su relación se ha acomodado durante muchos años pasivamente a esta condición deficitaria. La crisis en la pareja se ha producido últimamente por el cambio brusco en una de las condiciones originales en las que estaba basada la relación: la disfunción sexual de Mario. Finalmente la pareja se ha decidido a solicitar una consulta profesional en busca de un diagnóstico y tratamiento de su problemática. El motivo de este planteamiento viene provocado por la sensación de vacío que surge en la pareja a propósito de la muerte de la perra, la cual les lleva a plantearse la ausencia de hijos.

Debidamente tratado, el problema de Mario remite con facilidad, dando origen a un deseo sexual expresado de forma muy primaria o elemental por parte de él, que ahora busca satisfacer con quien sea y al modo que sea, lo que a ella le produce aversión. La condición deficitaria inicial sobre la que estaba asentada la relación de dependencia mutua cambia ahora de signo, dando lugar a una desestabilización de la pareja. La nueva situación tampoco es satisfactoria para ninguno de los dos, pero ambos se sienten ligados por una larga historia de fidelidad y deuda mutua. Inician un periodo donde ambos tienen que volver a negociar los parámetros de la relación, una vez superado el déficit.

♦ Cuadrante 3: asimetría complementaria

Si la relación se establece en el cuadrante de la asimetría complementaria o complementariedad asimétrica (el poder lo detenta uno solo de los miembros, pero los déficits se compensan mutuamente con los recursos del otro) se produce un movimiento espontáneo hacia la unificación de criterio, lo que suele implicar el dominio de uno y la acomodación del otro, a veces hasta la anulación o supeditación completa. Corresponde con el modelo patriarcal tradicional en muchas sociedades, en las que con frecuencia la mujer pierde hasta su apellido para tomar el del marido y, en los casos más extremos como en la India anterior a la colonización, puede llegar a morir echándose a la pira para acompañar al esposo difunto (ritual del sati). Tales relaciones pueden llegar a ser satisfactorias para ambos cónyuges en conformidad con su modelo cultural, pero implican siempre un desequilibrio en el poder, aunque a veces se han establecido notables correctivos distinguiendo entre poder social, correspondiente por lo general al marido, y poder doméstico, correspondiente más bien a la mujer, lo que hace la relación más complementaria. Como se ha venido diciendo de modo recurrente a través de la historia ya desde Catón: «Nosotros, los hombres, dominamos el mundo, pero nuestras esposas nos dominan a nosotros».

La bella y la bestia

Miriam, de 50 años, paciente a la que hemos aludido en una obra anterior (Villegas 2022, pp. 12-14), es la hija mayor de un matrimonio que tuvo dos hijos, ella y un chico. El padre murió hace unos veintiséis años y ella ha tenido que hacerse cargo de la madre y del hermano. Casada muy joven, tuvo dos hijos, un chico de ahora 31 años, que le está trayendo muchos problemas con la droga y su comportamiento asocial, y una chica que tiene 30. Conserva todavía un cuerpo atractivo, lo que ha sido la obsesión de su vida. Cuando era joven, se sentía una de las mujeres más bellas del mundo, pero tenía prisa por llegar a los cincuenta, porque estaba segura de no tener rival a esa edad. Ahora vive con un hombre de menor estatura que ella, calvo, con barriga, aunque con buenos pectorales y brazos musculosos, pues se ha dedicado a la halterofilia durante muchos años, lo que le da un aspecto desigual, ancho de espaldas, estrecho de cadera y corto de piernas. Con este «atleta» ha tenido su tercer hijo, de 22 años. La pareja constituye el prototipo de la «bella y la bestia».

La relación con este hombre vino a llenar el vacío que dejó el suicidio de su primer marido. Se conocieron y fueron a vivir juntos por primera vez hace veinticinco años y al poco de tener el hijo, se separaron por maltratos. Durante estos años, hasta la actualidad en que vuelven a vivir juntos, su relación ha sido tumultuosa, jalonada de separaciones y reencuentros, de desprecios, maltratos y persecución sexual. Ella ha hecho lo posible para mantener la complementariedad de la relación, aportando sus recursos personales y económicos (vendió su piso para arreglar la casa de él), pero él se emplea a fondo para mantener la asimetría.

Para ejercer su dominio la ataca allá donde más le duele: le dice que ya no está atractiva, que no está ni para los «paletas» (albañiles), a la vez que la somete sexualmente en cualquier momento, utilizando expresiones vulgares y soeces, violentándola físicamente, actitudes a las que ella se rinde y se entrega sin condiciones, con tal de asegurarse de que no la va a dejar, porque la necesita, como ella lo necesita a él. Miriam ha dejado incluso de fumar porque a él no le gusta («duermo con una planta de tabaco», según su expresión), no por su salud, que ella cree a salvo, sino para complacerlo.

Viene a terapia pidiendo ayuda no para liberarse de la humillación y el sometimiento al que se ve expuesta continuamente, sino de sus propios celos que se han disparado a partir del último reencuentro que los ha devuelto a la convivencia. La razón de estos celos exacerbados parece radicar en unas condiciones de dependencia que ella misma ha ido favoreciendo al vender su piso e irse a vivir con él, habiendo gastado además sus ahorros en arreglar la casa; al empezar a sentir el deterioro de su principal activo, la belleza; al sentirse amenazada por la conducta violenta de su hijo mayor. Por primera vez en su vida, ella, que ha hecho frente al cuidado de su madre y de su hermano, al suicidio del primer marido y a la crianza de los hijos, trabajando incansablemente por seguir adelante, rechazando pretendientes bien acomodados porque no quería depender de nadie, empieza a sentirse inválida y se agarra a un clavo ardiente.

M.: *He rechazado a muchos hombres con dinero y en cambio los he escogido necesitados. Siempre he sido yo quien ha aportado los recursos. Tal vez porque yo no he querido depender de nadie. Lo que no me gusta es que yo ahora dependa de esta persona, cuando en toda mi vida no he dependido de nadie.*

T.: *No querías depender de nadie y has terminado dependiendo de él.*

M.: *Sí, pero en la época en que lo hice yo tenía mi trabajo, yo estaba bien y no veía las cosas de este modo. O sea, pensaba que podría estar trabajando toda la vida y si pasaba algo podía irme a un piso de alquiler… Y, además, otra cosa: ¿qué hago sola?… Sea como sea, tengo que buscar una solución a estos celos…*

T.: *El problema de estos celos no está en si te engaña o no te engaña, el problema está en ti, en que no te quieres, porque no puedes esperar su reconocimiento, no lo tendrás nunca. Eres tú la que tienes que mirar si vale la pena vivir en esa continua descalificación. Pero si tú estás pendiente de que el otro te rechace o no, y eres capaz de hacer cualquier cosa, aun a costa de tu dignidad, con tal de que no te deje, entonces el problema lo tienes tú misma. Porque los celos nacen de ahí, ya no es lo que hace el otro, es tu inseguridad. Antes te daba igual; incluso, en el fondo, se puede decir que tú no lo quieres.*

M.: *No, no lo quiero; lo necesito porque me da seguridad, su presencia me protege. Es, digamos, un muro entre yo y mi hijo.*

T.: *Exacto: una protección, un escudo, como una pantalla, tú lo has utilizado también a él.* (M. asiente). *Lo que pasa es que tú no lo has despreciado o no lo has maltratado. Pero él a ti, sí. Y se pavonea de tener una chica tan alta y tan guapa. Y si queréis vivir juntos, porque resulta práctico y da seguridad, pues adelante. Pero no pongas tu salud mental y tu autoestima en él, porque te acribillará.*

◆ Cuadrante 4: asimetría deficitaria

Si la relación se constituye en el cuadrante asimetría deficitaria o déficit asimétrico significa que está basada sobre la distribución totalmente desigual del poder y de la complementariedad. Hay alguien que tiene todo el poder y todos los recursos y alguien que carece de ambos. Esta situación da origen casi espontáneamente a una relación de dominación-sumisión. En estos contextos los maltratos pueden llegar a verse como algo consustancial a la estructura de la relación. Como dice Linares (2006): «El poder, si es unilateral y sin compensaciones, es raro que se limite a proteger, y, por el contrario, muy probablemente sojuzgará y abusará».

Hoy llueve y es culpa tuya

La descripción de Carlota, una paciente de 40 años, altamente cualificada a nivel profesional, reproduce claramente el esquema de maltrato en una relación de asimetría deficitaria. Casada con un hombre alemán diez años mayor que ella, que tiene dos hijos de un matrimonio anterior, ha pasado por una situación de maltrato que de alguna manera continúa después de la separación. En la actualidad le resulta particularmente angustioso el régimen de visitas del que goza el exmarido en relación a los hijos de su matrimonio con él, un niño y una niña, por la sospecha de abusos sexuales por su parte. Su testimonio es como sigue:

Me sentía perdida, sola, culpable, confundida, no entendía nada ni a nadie. Sentía que me había casado para confiar y compartir, para crear juntos y veía que los mensajes que recibía eran siempre negativos: que no sabía cocinar, ni planchar, que no sabía tratarlo bien ni lo cuidaba lo suficiente, que no vestía bien, que no sabía nada de finanzas, que no tenía ni idea de hijos. Porque él ya tenía experiencia y yo no. O que, cuando cocinaba yo, siempre faltaba o sobraba sal, el pescado estaba demasiado hecho o crudo. La ropa que me compraba no le gustaba. Incluso tenía que devolverla si no la había comprado con él.

Aparte de esto, yo lo pagaba todo y él ni trabajaba ni ayudaba en casa. Y, finalmente, todo estaba a su nombre, la casa de Berlín, las acciones, la mitad de la casa de Barcelona. Y además yo pagaba los gastos de Berlín y de Barcelona, su móvil de ejecutivo, el Mercedes, el club de polo, el de tenis, o el de golf.

¿Qué había pasado? Yo intentaba hacer todo lo que podía para complacerlo. Y nunca era suficiente. Vestirme o maquillarme como él quería, ver o no ver a la gente que él quería, no ver a mis amigas. Creo que me salvaron dos cosas. O, mejor dicho, una. Tener unos principios éticos honestos con unas ideas claras sobre dos temas: el tema de la sexualidad y los hijos. Me había pedido muchas veces mantener relaciones sexuales con otros hombres y él mirando; o tríos. Nunca accedí. Y luego empezó a amenazarme que si no lo hacía como y cuando él quería, se buscaría a otra. Desgraciadamente, después de la separación tuve la evidencia de que sus gustos sexuales ni siquiera eran legales.

Y también lo que colmó mi vaso fue cómo trataba a los niños. Lo que él hacía no tenía nada que ver con lo que debe ser el amor de un padre a sus hijos. No quería estar con ellos más de quince minutos, menos si lloraban. Nunca les daba el desayuno, la comida o la cena. Solamente quería estar con ellos durante el baño. Y ponía el pestillo para que yo no pudiera entrar porque decía que si yo entraba luego los niños no querían estar con él. Y luego supe que abusaba de ellos.

Sin embargo, me sentía culpable. ¿Qué habré hecho mal, que no merezco que me ame y me respete? No obstante, siempre pensaba que se arreglaría, que cambiaría, que encontraría un trabajo, que dejaría de atosigarme.

Después de la separación, al enterarme de los abusos sexuales a mis hijos… ¡Qué dolor! ¡Le teníamos tanto miedo los tres! Supongo que estaba paralizada de miedo y no podía ni moverme. En nuestro noveno aniversario me di cuenta realmente de la farsa que estaba actuando. Me regaló un libro con 365 formas de ser romántico, me llevó a un restaurante de lujo y me dijo, después de ver la película Moulin Rouge, *que yo lo era todo para él, que me quería muchísimo. A los dos días tenía billete para Berlín para ver a su amante con la excusa de ver a su madre antes de Navidad. ¡Yo tenía su e-mail confirmando que pasarían el fin de semana juntos! Todo había empezado diez años antes, con el juego de «hoy llueve, es tu culpa y tienes que traerme el desayuno a la terraza».*

LA DINÁMICA OSCILATORIA DE LAS RELACIONES

Obviamente, estos cuadrantes relacionales no son estancos y, particularmente en los puntos de cruce de los vectores y sus proximidades, pueden darse oscilaciones y superposiciones entre ellos. Igualmente, a causa de la dinámica evolutiva de las relaciones pueden producirse corrimientos de unos a otros, o intentos más o menos explícitos de volver a definir las posiciones por parte de alguno de los miembros de la pareja, o incluso de ambos, cuando deciden acudir a terapia de pareja.

Estos forcejeos pueden producirse en el contexto de una lucha de poder, como en la película *Te doy mis ojos,* dirigida por de Icíar Bollaín en 2003. La relación parte de una posición de asimetría deficitaria, donde él está arriba en posición dominante e intenta mantenerla a ella en posición sumisa: se entienden a la perfección cuando ella accede al juego sexual de darle todos los miembros de su cuerpo, uno por uno: pero luego se rompe este entendimiento cuando ella intenta colocarse en una posición simétrica complementaria, buscando un trabajo y una promoción cultural y profesional. Entonces él la humilla y la maltrata: se destapa Barbazul. La distinción entre ficción y la realidad, sin embargo, es solo cuestión de formato narrativo. En estos casos solo sirve la lucha por recuperar la dignidad.

En principio la relación esponsal debe caracterizarse por su simetría, mutualidad o correspondencia, por una vinculación complementaria basada en el apoyo y la ayuda mutuos, pero no en la supeditación de uno de los esposos al otro. Hemos visto esta última, sin embargo, producirse en muchas relaciones de pareja en base a la dependencia afectiva, como en algunos de los casos considerados hasta ahora. Sin embargo, los avatares de la vida pueden llevar, sobre todo en edades más avanzadas de la pareja, a una transformación de la relación mutual (complementaria) en oblativa (deficitaria), a causa de la enfermedad de uno de los miembros, dando origen a una relación de dependencia asimétrica, en la que el enfermo depende del cuidador y este se siente atrapado en su rol de enfermero.

Mermada

En el caso de Beatriz esta situación no se produce en el tramo final del ciclo evolutivo de la pareja, sino casi al inicio, marcando su trayectoria durante más de veinticinco años, que es el momento en que acude a terapia. Afectado desde los 28 años por la enfermedad de Crohn, el marido ha sufrido una invalidez crónica, con una fuerte dependencia respecto a la esposa y necesidad de frecuentes ingresos hospitalarios. Esta situación ha sido vivida por Beatriz como algo vergonzante, razón por la cual ha procurado mantenerla en secreto, oculta incluso para la propia familia, que vive a centenares de kilómetros de su domicilio:

> BEATRIZ: *No quería dar lástima. Por eso en mi pueblo no saben de la enfermedad de mi marido. Saben que ha tenido problemas de salud, pero no han llegado a saber cuáles. No lo ha sabido mi madre, ni mi familia; porque no he querido yo dar lástima, no puedo.*

La pareja tuvo un hijo, poco antes de que se le declarara la enfermedad al marido, que en la actualidad está casado; hijo y nuera se llevan
muy bien con el padre. La madre, sin embargo, los ha mantenido
al margen, puesto que no ha querido que la enfermedad del esposo
y padre interfiriera en su desarrollo y felicidad. Un ejemplo de este
cuidado se presenta durante el proceso de terapia, a propósito de las
fiestas de Navidad.

> *Siempre he tenido la alegría de las Navidades. Y este año estoy triste y
> pasiva, porque falta mi madre, porque no puedo ir a mi tierra con mis
> hermanos y este año estamos como un poco descompensados. Mi esposo,
> además, está ingresado. Yo le he dicho a mi hijo que se vaya con su mujer
> a Andalucía, con la familia de ella. Pero el otro día, al salir del hospital y
> verme sola en el autobús... Es lo peor que he pasado en mi vida, en unas
> Navidades que te quedas sola y eso que yo quería que se fuera mi hijo.
> Pero verte sola con un problema y en estas fechas, esto es denigrante.*

La construcción de la dependencia en las relaciones de pareja

Por su propia naturaleza, ninguno de estos cuadrantes genera una
situación de dependencia, solo en el caso en que la persona la viva
de manera altamente insatisfactoria (egodistónica), pero no pueda
alejarse de ella, romper con ella, ni siquiera imaginarse vivir sin ella
o perderla, a causa de la complementariedad deficitaria. Vive en esta
relación y ha escogido esta posición, con frecuencia, a pesar incluso
del intenso sufrimiento que le origina, porque de este modo colma su
déficit (necesidad, deseo, carencia, etc.) o intenta evitar un conflicto
o riesgo de otro tipo. La amenaza de pérdida se percibe como una
ausencia o vacío imposible de colmar que genera un elevado nivel de
ansiedad y desespero, comparable al «mono» producido por la carencia de una sustancia en la drogadicción.

Una pregunta obvia es la que surge de la consideración no determinista de esta concepción. Si nadie nace simétrico ni complemen-

tario, ni se recurre a otro tipo de determinismos biográficos, sociales o culturales, aunque en algunos casos pueden desempeñar un papel facilitador o precipitante ¿cómo se explica la elección de un posicionamiento u otro en una relación de pareja?

La respuesta a esta cuestión es compleja y admite diversas perspectivas. Baste ahora decir, al menos a grandes rasgos, que la relación de pareja es un espacio construido entre dos. A veces, ambos están de acuerdo en definirla de una determinada manera y en construirla conjuntamente; otras veces, las cosas suceden, o al menos así las interpretan los protagonistas de la historia, de forma más «mágica» o intuitiva: «Dios los cría y ellos se juntan». Otras, se dejan llevar por los estereotipos dominantes en una sociedad o cultura, por ejemplo de tipo machista o patriarcal, acomodándose a ellos. En otras ocasiones, finalmente, uno de los miembros toma la iniciativa para establecer los parámetros que definen la relación en base a sus características personales, determinadas creencias religiosas, esquemas culturales o pautas relacionales, oponiéndose a cualquier intento del otro miembro de la pareja para modificarlos o negociarlos, no quedándole más remedio a este que acomodarse o someterse, si no quiere afrontar la ruptura.

La expectativa excesiva, sin embargo, transferida a la relación de pareja puede ser tan asfixiante que acabe por destruirla totalmente o por desequilibrar los roles sobre los que se sustenta, favoreciendo la actitud de dependencia en uno o ambos miembros de la misma, a fin de preservar el vínculo, una vez establecido. Aunque tradicionalmente se ha atribuido a la mujer una mayor valoración del vínculo y, en consecuencia, una mayor adaptabilidad a la posición sumisa, las necesidades a cubrir actualmente en la sociedad occidental son tales que la supeditación a la pareja no constituye patrimonio exclusivo de ningún género. La actual crisis y confusión de roles en la pareja facilita la eclosión de conflictos en su seno, que con frecuencia estallan de forma incontenible, poniendo al descubierto esquemas disfuncionales de origen cultural o personal, que en casos extremos están dando lugar a una escalada de maltrato físico y muerte violenta.

Pero no son solo las parejas las que están en crisis, sino la propia concepción de la pareja, su fundamento. El origen de la pareja monogámica, su establecimiento como matrimonio, proviene de la necesidad de crear una célula social estable y con continuidad a través de los hijos, la familia, capaz de satisfacer las necesidades económicas, afectivas y procreativas de la especie humana. En la Grecia clásica, por ejemplo, donde las relaciones (homo)sexuales entre hombres, y a veces también entre mujeres, eran relativamente frecuentes, estas no eran consideradas incompatibles con el matrimonio heterosexual, pues sobre esta institución jurídica no recaía el peso de las expectativas románticas que hoy tiene que soportar, sino que, en palabras de Baile (2007), su objetivo primordial «estaba orientado únicamente a asegurar la descendencia». El matrimonio se podía concebir desde una dimensión ética y jurídica, pero no necesariamente relacional o afectiva.

Aparentemente, estas condiciones de base han cambiado con la eclosión de la sociedad posmoderna, caracterizada por el individualismo, el hedonismo, el consumismo y la inestabilidad. Libre, idealmente, la pareja de la carga económica, procreativa y estable, parece que su único objetivo es satisfacer la necesidad inmediata de tipo erótico, romántico o sexual. Para eso no hace falta conocerse, basta con deslumbrarse: cuando cesan los destellos luminosos de la atracción, que para la mayoría de especialistas (Tennov, 1979; Money, 1980) ocurre con el inicio de la convivencia o en el espacio promedio de dos años, cuando ya nos hemos acostumbrado a todas las variedades del anuncio de neón, este pierde su atractivo, y se produce la rutina, la saciedad o el aburrimiento. De ese modo, no se ha llegado al conocimiento de la otra persona, a la vinculación profunda con ella: el vínculo no se rompe, se diluye; era un vínculo hecho de estímulos, no de apego. En ausencia de otros materiales con que construir la pareja, esta se descompone fácilmente. La precariedad y fragilidad de la unión preside la duración de los vínculos.

Así, después del arrebato pasional, comenta Larraburu (2007), «una relación solo puede ir para abajo o crecer lentamente mediante algo menos vistoso y más trabajado que corresponde a la intimidad. La intimidad emocional en una pareja es el bagaje acumulativo que le sirve de adhesivo para superar los momentos bajos».

Como todo conocimiento profundo, no es algo que se improvise fácilmente ni se adquiera en dos lecciones. Toma su tiempo y dedicación. Sin este patrimonio, el proyecto probablemente se truncará. Intimidad, como dice Schnarch (2002) «es conocerse a sí mismo y dejar que el otro comparta el secreto». Hay tres cosas, según Taylor (2006), absolutamente necesarias para alimentar una relación, y que no son exclusivas de las relaciones amorosas, sino de todas las relaciones significativas: respeto, reciprocidad y comunicación. Sin respeto no hay amor, sin reciprocidad no hay equidad y sin comunicación no hay intimidad.

La conciliación entre sentimientos amorosos y libertad o autonomía resulta, aunque no de modo exclusivo, particularmente difícil para las mujeres, tal como pone de relieve la literatura de todos los tiempos, que Anna Lis Giménez (2003) ha estudiado desde la Antigüedad clásica hasta nuestros días. Esta conciliación solo es posible a través de la relación amorosa entendida como un pacto; pacto que es vital para las mujeres que sufren con mayor intensidad el conflicto entre espontaneidad, ansia de realización personal y deseo de seducción del otro, puesto que se trata de hacer compatible la pervivencia del amor sin renunciar a la autonomía de la propia existencia. Renuncia cuyo precio es, precisamente, la dependencia.

4. Dependencia en las relaciones parentales

ATRAPAMIENTOS PARENTALES

Entendemos por relaciones parentales las relaciones entre padres e hijos o aquellas que vienen a cumplir una función sustitutoria de las mismas. Bajo este epígrafe nos referimos a los vínculos generados entre padres e hijos que, por su carácter evolutivo, están destinados a desarrollarse desde una posición de dependencia de los hijos respecto a los padres hacia una mayor autonomía e incluso inversión de roles de los hijos respecto a los padres, si estos llegaran a necesitar de sus hijos. Naturalmente, este proceso está inscrito dentro del recorrido del arco vital, por lo que conlleva consigo una serie de pasajes transformativos no siempre fáciles de transitar, tanto por parte de unos, los hijos (infancia, pubertad, juventud, edad adulta), como de los otros, los padres (pareja esponsal, pareja parental, crianza y emancipación de los hijos, vejez).

Lo que caracteriza las relaciones paterno-filiales es básicamente la función de cuidado por la que las generaciones precedentes dedican gran parte de su esfuerzo no solo a la procreación de las subsiguientes, sino también a su crianza y desarrollo. Durante el periodo extremadamente largo de inmadurez biológica y social que caracteriza a la especie humana, se generan vínculos de carácter oblativo, por los que los padres encuentran satisfacción en dedicarse por entero al cuidado de los hijos. Este tipo de relaciones de cuidado es muy proclive a generar apegos y dependencias que pueden tender a perpetuarse y dificultar el proceso personal hacia la autonomía. En muchas ocasiones acaban siendo auténticas redes donde quedan atrapadas las personas en relaciones de dependencia, a veces hasta intergeneracionales, como puede verse en el siguiente caso.

La araña atrapada en su tela

Helena, mujer de casi 60 años, madre de tres hijos y abuela de cinco nietos, pide ayuda terapéutica por un síntoma muy frecuente en los trastornos de ansiedad: el miedo a coger el avión. Durante la primera entrevista habla sin interrupción durante casi toda la hora, describiendo un mundo relacional muy complejo, constituido por cinco generaciones. El abuelo que había desheredado al hijo (el padre de la paciente) nombrándola a ella su heredera. El padre que se había separado de la madre, la cual consideraba a su hija, la paciente con 9 años, culpable de esta separación. El marido que se había dedicado a la administración de los bienes heredados por la esposa (la paciente), también él en relación muy conflictiva con su padre. Tres hijos, el primero de los cuales se casó muy joven con una chica embarazada, cuyos padres tuvieron que ayudarles para comprar una casa y tener el niño y otros dos nacidos sucesivamente. Una segunda hija también casada, madre poco cuidadosa de los dos niños nacidos en el matrimonio.

Al inicio de la terapia, la paciente vive con el marido, la madre de 80 años, una antigua sirvienta de 93 años que le había hecho de «tata» y el tercero de los hijos, todavía soltero. Helena se casó con la idea de poder vivir independiente de su familia de origen, pero el marido creyó hacer un buen negocio al aceptar compartir la casa con la suegra, un piso de más de cuatrocientos metros cuadrados, ahorrándose de este modo el coste de una compra o alquiler. De este modo Helena, hija única, no ha salido nunca de la casa paterna y en este momento se encuentra atrapada en los lazos de deuda, culpa, protección y deber con la madre, la «tata», el marido, los hijos y los nietos, vínculos que, con el tiempo, se han ido volviendo cada vez más pesados y sofocantes. Y lo peor de todo es que la paciente no ve otra salida que la propia muerte o la de la madre. Al final de la sesión, la paciente pregunta al terapeuta qué representación se ha podido hacer de lo que le ha contado de su problema y de su historia, y este, mirando el conjunto de las flechas cruzadas sobre el dibujo de un complejísimo genograma, responde espontáneamente:

T.: *No puedo ver otra cosa que una telaraña.*
H.: *Y yo, ¿dónde me encuentro?*
T.: *Usted se encuentra en el medio, como la araña. La araña que teje y mantiene los hilos unidos.*
H.: *Entonces, si estoy atrapada en la telaraña no puedo volar; ¿qué tengo que hacer para poder volar?*
T.: *Para volar, la araña tiene que recoger todos los hilos sobre sí misma, replegándose hasta convertirse en una larva y, después de un proceso de metamorfosis que transforme los vínculos de deuda, culpabilidad, protección y deber en vínculos de cariño, respeto y desapego, convertirse en una mariposa que pueda volar libremente.*

LA SIMBIOSIS MATERNO-FILIAL

Las relaciones materno-filiales, en particular, generan un vínculo de carácter casi simbiótico, principalmente durante el período de gestación y crianza, que, con frecuencia, puede tener el efecto no deseado —o no deseable— de confusión o indiferenciación entre madre e hijo, que no solo dificulta la separación física a lo largo del periodo evolutivo, sino incluso la diferenciación de personalidades.

En una publicación anterior de esta serie, *Atrapados en el espejo. El narcisismo y sus modalidades* (Villegas, 2022), a la que nos remitimos a fin de evitar duplicaciones, tratamos algunos de estos casos desde la perspectiva de la proyección narcisista de los padres sobre los hijos, como por ejemplo el de Aurora sobre su hija Hildegart (pp. 47-49), a la que mató cuando esta se desvió en algún punto de sus expectativas sobre ella. O bien el de Ceci (Villegas 2017, 2022), desarrollado ampliamente bajo el título «Embarazo de nueve años» (pp. 50-53), cuyo amor narcisista, posesivo y fusional deriva frecuentemente en maltrato de su hijo Jorge de 9 años:

> CECI: *Sí, soy muy cariñosa con él. Me apetecería cogerle, darle un abrazo y comérmelo a besos. Yo lo necesito; no sé, me gusta; desde siempre, desde que era bebé me lo como a besos, pero al mismo tiempo me pone muy nerviosa, mucho.*
>
> TERAPEUTA: *Tú has dicho «lo necesito»… A mí me parece que este niño todavía no se ha diferenciado bien de ti, que no te ve como una madre, te ve como una compañera. O sea, que tú le das un amor tal que para él no hay fronteras, como si estuviera mezclado contigo, y entonces, solamente cuando ve amenazada esta fusión, reacciona. Pero, al mismo tiempo, tiene necesidad de diferenciarse… Entonces la rebeldía es una especie de mensaje que te dice: «yo soy para ti, pero cuidado que yo soy yo».*
>
> C.: *Recuerdo que cuando nació sentí una felicidad que no había sentido en mi vida; la felicidad absoluta es cuando lo vi y pensé: «Ay, que bebé más bonito». Quería tener un bebé deseado, y así fue. Hasta me dio rabia dar a luz, porque habría estado embarazada años, me encantaba…*
>
> T.: *Lo acabas de decir: todavía…*
>
> C.: *Estoy embarazada… Puede ser.*
>
> T.: *Bueno, pues ahí hay un problema de separación entre tú y él… Tú no has tenido un embarazo de nueve meses, sino de nueve años, ese es el tema.*

LA RELACIÓN OBLATIVA PARENTAL

Todos estos casos nos hablan de la dificultad de llegar a una separación entre padres e hijos, como resultado o efecto del propio proceso evolutivo. El momento culminante de una separación sana llega con la mayoría de edad, cuando se supone que los hijos están preparados para asumir una autonomía gradualmente conseguida y madurada. Con todo, aun en el mejor de los casos, no resulta fácil desprenderse de los hijos y verlos abandonar el nido para emprender el vuelo. De ahí el famoso síndrome del nido vacío, que ejemplifica muy bien el caso de Carolina, que desarrollamos a continuación. Lo que se pone en juego en este tránsito no es tanto la emancipación de los hijos, sino la pérdida del rol de cuidadora, que daba sentido sobre todo a la función maternal.

El nido vacío

Carolina, mujer de 64 años. Acude a terapia de grupo. Ya en la primera sesión traza un cuadro muy completo de su situación vital que en este momento la tiene sin ilusión y en un estado depresivo, por el que se medica:

CAROLINA: *Hace cinco años que murió mi madre y no lo acabo de superar* (rompe a llorar). *Mi padre hace mucho más, cuando yo tenía 26 años. Lo entiendo, pero no lo supero, y junto a eso me vienen otras emociones: por ejemplo, que he dejado de trabajar hace tres años y parece que a mi vida le falta aliciente. No tengo ilusión, estoy siempre triste, estoy ocupada a ratos y cuando estoy ocupada estoy bien, pero luego, a la que me quedo sin nada que hacer, ya estoy otra vez. Estoy casada y tengo dos hijas, de 30 y 32 años; lo que pasa que mis hijas ya viven su vida, y parece que me falta alguien por quien hacer cosas. A partir de ahí, cuando me he encontrado que mis hijas también se han ido de casa, tengo mucho tiempo y no tengo ocupación. Me falta ilusión. Y no lo acabo de asumir. Estoy tomando antidepresivos también, una pastillita cada día. Ya, claro, en teoría, después de entender la falta de mi madre, yo no tendría por qué estar así, porque mis hijas están bien, mi marido está bien, estamos bien como pareja.*
TERAPEUTA: *Las hijas fuera, la madre muerta.*
C.: *Hemos estado temporadas en que estábamos muy atados con mi madre y mi suegra. Mi suegra era ciega, la compartíamos con mi cuñada, seis meses cada una. A mi madre los últimos años también la teníamos en casa; entonces era un agobio. No tenía tiempo de pensar si tenía ga-*

nas de levantarme o no, y ahora, como no tengo una exigencia… Pues, hay veces que me levanto; pero como que me falta ilusión.

T.: *Has estado cuidando toda tu vida a alguien. A tu marido, a tus hijas, a tu madre, a tu suegra.*

C.: *Cuidando, llevando la casa y trabajando. Yo trabajaba, toda la vida trabajaba, por eso no he tenido casi tiempo.*

T.: *¿Y ese duelo, lo sentiste igual al principio o ha cambiado?*

C.: *No. Antes en seguida pensaba en mi madre y me ponía a llorar. Pero ahora se me junta que también mi hija, la pequeña, ha estado seis años viviendo en Londres; ha venido un año, pero ahora se va a volver a marchar, porque había encontrado trabajo aquí pero su novio no, y entonces el novio ya se ha ido a Londres otra vez. Entonces, digamos, cada cosa que me pasa me mueve todo lo demás.*

T.: *Es otra pérdida. Vuelves a perder a tu hija, se vuelve a Londres. Entonces conectas con las pérdidas.*

C.: *Digo bueno, pero no es lo mismo, porque yo a mi hija puedo ir a verla. Pero claro, ya después de hacerte la ilusión de que volvía a tenerla aquí y que ahora otra vez se va a ir.*

T.: *Entonces estás pasando un duelo.*

C.: *Yo el duelo lo he pasado ya durante cinco años.*

T.: *Las hijas que se van, la jubilación, la muerte de tu madre.*

C.: *Tener mucho tiempo libre.*

T.: *Una parte del duelo no es solo llorar y llorar, sino reconstruir la vida. Y ahora que estoy así, ¿qué hago con mi vida?*

C.: *Un nieto, esto es lo que me haría feliz. Pero tenerlo cerca, porque si se va a Londres… Y yo reconozco que soy muy exigente, que siempre quiero tener a los hijos al lado, y siempre he estado muy volcada a los demás y claro, ahora… Yo a mi madre la llamaba cada día, entonces me gustaría que mis hijas me llamaran más a menudo.*

Estas personas han generado una dependencia del cuidado del otro: «me falta alguien por quien hacer cosas. Un nieto esto es lo que me haría feliz». Se trata, evidentemente, de un proceso de duelo, pero no tanto de las personas: la madre ya la ha llorado y las hijas las puede continuar viendo, sino de la función cuidadora que es la que da sentido a su vida. Esto nos permite ver con más claridad que la dependencia, como se ha ido poniendo de relieve a través de estas páginas en los diversos casos, no es tanto de las personas, sino de la naturaleza del vínculo que daba sentido no solo a la relación, sino a la propia vida o existencia personal.

Carolina acusa particularmente esta ausencia, porque a pesar de poder mantener con ella el contacto telefónico o vía telemática, siente que no la puede ayudar efectivamente en el día a día y, menos todavía, si llegara a tener un bebé.

> T.: *Tu hija se ha ido, pero la echas de menos. Y te hemos preguntado qué es lo que más echas de menos. Y dices: «poder ayudarla».*
>
> C.: *Bueno, porque pienso que me puede necesitar y, estando a la distancia, es más difícil.*
>
> T.: *Y ahí te vuelves a sentir válida. Tu valía depende de estas cosas. Es decir, dar, cuidar, sacrificarte por los demás: te hace sentirte válida. Si no lo haces, tu autoestima se tambalea y te sientes triste. Ayudar a los demás te da una valía, te da un sentido en tu vida. Eres tú la que te sientes mal; porque realmente eres tú la que necesitas de tu hija. Necesitas que ella te haga a ti sentir válida, necesitas esa validación externa que es ayudar a tu hija para sentirte bien tú.*
>
> C.: *Bueno, es como si fuera un complemento que necesito.*
>
> T.: *Necesitas que te necesiten. Porque eso te hace sentir útil y a través de la utilidad te valoras a ti misma. Si te sientes útil, te sientes bien. Y en el momento en el que no te sientes útil, te frustras; te sientes impotente, depresiva.*
>
> C.: *Sí, me siento peor* (llora).
>
> T.: *¿De dónde viene esa tristeza y ese llanto? ¿Qué te lo provoca?*
>
> C.: *Bueno, pues, que no va a volver, a que va a seguir siempre la vida así. Ella allá y yo aquí. Y no la puedo ayudar o no la puedo ver cuando quiero... Entonces yo me doy cuenta de que es egoísmo, de que no he soltado las riendas, de que me cuesta aceptar.*
>
> T.: *¿Pero qué tienes que aceptar?*
>
> C.: *Que es así: que ella está allá y yo aquí. Eso me produce tristeza. Me gustaría saberla aquí al lado, que en un momento dado, en media hora,*

la puedes ver. Y claro, pienso que si tienen hijos, si estuvieran aquí, la podría ayudar.

T.: *Claro, poder ayudar. Siempre sale esa expresión: «poder ayudar», porque es lo que a ti te da sentido en la vida. Ayudar a la gente. Pero es tu sentido; estás pendiente del sentido de tu vida, no del sentido de la vida de tu hija.*

Nacida para servir

Las condiciones de la paternidad no se limitan a las funciones de la gestación y el parto, sino que se alargan durante todo el periodo de la crianza. Esta se ha ido prolongando cada vez más, en la medida en que la infancia y la adolescencia se han visto socialmente potenciadas como un periodo de formación e inserción social, cada vez más indefinido. De este modo, la actuación protectora y nutritiva de los padres, que requiere una disposición entregada y sacrificada constante (de ahí el nombre de *oblativa),* ha dado lugar, en muchos casos, a situaciones totalmente abusivas por parte de los hijos, convertidos en auténticos *Tyrannosaurus Rex,* que han llevado a algunos padres a desarrollar una supeditación enfermiza hacia ellos, más allá de los límites requeridos por la naturaleza.

María Luz, mujer de 53 años, separada, con dos hijos de 20 y 26 años, que viven con ella. Acude a terapia de grupo por depresión y somatizaciones. Trabaja habitualmente de vigilante en un museo de una pequeña ciudad y por las noches cuida a una anciana, para mejorar su sueldo, que no llega a causa de los gastos que generan los hijos. De modo que prácticamente no le queda tiempo libre para ella, ni siquiera para descansar. Lleva mucho tiempo tomando antidepresivos y medicamentos contra el dolor crónico que padece desde hace años. En alguna ocasión ha llegado al grupo de terapia en ambulancia porque no podía trasladarse por sí misma. En la sesión se habla del trabajo que la agota y de la falta de tiempo libre, pero ella cree que tiene que continuar soportándolo todo, porque «ha nacido para servir» a los demás:

María Luz: *Me noto que lo único que hago es trabajar, solo trabajar, y eso no puede ser. Necesito un espacio para distraerme y eso me lo tengo que buscar yo. Si fuera otra persona ya le hubiera dicho que lo hiciera, pero se ve que yo no tengo derechos. ¿Cómo se le llama a esto?*

Terapeuta: *Esto no es una enfermedad, es falta de autoestima. Pones a los demás por delante de ti. ¿Por qué son tan importantes los demás?*

M.L.: *Porque yo de niña ya lo hacía todo por mis padres y mi hermana pequeña. Yo pensaba que ya tendría tiempo para todo en la vida, pero me estoy dando cuenta de que ya tengo 53 años.*

T.: *¿Y cuánto tiempo te das para tener tiempo para ti?*

M.L.: *No sé, pero como pienso que voy de prisa a hacer las cosas, igual termino antes de los cien. Pero a este paso estaré hecha fosfatina. Además me doy cuenta de que no hago las cosas por lo que puedan hacerme los demás y que los demás no hacen nada por mí. Pero continúo igual, yo he venido a este mundo a servir.*

T.: *¿Y esto por qué lo haces? ¿Para ganarte el cielo?*

M.L.: *A lo mejor para no quedarme sola.*

T.: *Pues así te estás quedando.*

M.L.: *Por eso tomo pastillas, para olvidar.*

T.: *Yo no soy contrario a que alguien tome pastillas si las necesita. Pero «no solo de pastillas vive el hombre». Son remedios paliativos, pero lo más importante es saber de dónde nace el malestar.*

Esta actitud servil se pone de manifiesto ya desde su infancia haciéndose cargo de su hermana pequeña sustituyendo a los padres en los cuidados parentales y poniéndose a trabajar a los 12 años para traer dinero a casa.

Ya cuando era joven, a partir de los 12 años estuve fuera de casa trabajando por la comida. Cuando tuve un poquito de dinero, les daba la mitad a mis padres, para cobrar la vejez. Sí, yo siempre he sido para los demás.

Esta actitud servil se ha repetido igualmente con su exmarido, con el que se casó, sabiendo que no le gustaba, ni le quería, ni le atraía, pero convencida de que ya se lo ganaría con su capacidad de amor y entrega. Pero la razón por la que la traemos aquí tiene que ver con la clase de relación parental (de padres a hijos) que ella ha generado con sus hijos. De su matrimonio nacieron tres hijos, el primero muerto y dos hijos varones, después. Su marido la dejó a los 35 años, con la excusa de que él necesitaba tiempo para vivir su vida. Ella se quedó con los dos hijos, de los que se hizo cargo y a los que cuidó, alimentó y les procuró una educación superior. Estos, en la actualidad, viven en casa de ella como auténticos *okupas,* sin hacerse cargo de nada, sin ingresos propios, aprovechándose de sus cosas y de su dinero, utilizándola como una sirvienta, maltratándola psicológica y físicamente, hasta el punto de darle golpes y empujones y de recluirla en la cocina, en el pasillo o en su habitación. La situación ha llegado a tal punto de gravedad que Luisa se ha planteado cederles la casa y pagarles los gastos para que la dejen tranquila y evitar males mayores, antes que tener que denunciarlos. En la sesión se enfrentan estos problemas con el apoyo de sus compañeras de grupo, quienes se suman a la consideración de la condición de supeditación que muchas veces las madres desarrollan en sus relaciones con los hijos, en detrimento de su propia vida personal, profesional, social y relacional.

> M.L.: *Mis hijos ya son mayores, los he educado yo muy mal. Ellos dicen: como estamos en nuestra casa, porque la mitad es nuestra…*
> CECI: *¿Y por qué no te vas y les dejas? Y te quedas tan a gusto.*
> M.L.: *Porque tendré que pagar dos luces, dos aguas… Sí, claro, porque no van a pagar ellos y yo voy a perder la mitad de mi piso, que es mío también.*
> C.: *Pero ¿tú quieres a tus hijos?*
> M.L.: *Yo sí*
> C.: *¿Y ellos a ti también?*
> M.L.: *Bueno, me quieren a su manera.*
> C.: *No, a su manera no, eso no es querer. Un hijo quiere a una madre y se quieren igual, no a su manera. Cuando les cortas el grifo, entonces ya no te quieren, ya no sirves para nada.*
> T.: *Pues eso no es amor.*
> M.L.: *Lo que pasa es que yo no pensaba que me hicieran esto.*

T.: *Es muy lamentable, pero hay que saber andar por el mundo. Lo que no se puede esperar es que el mundo sea justo y que la gente no se vaya a aprovechar.*

M.L.: *Sí, mi ex también compró su libertad, en la sentencia de divorcio les dio la mitad del piso a los hijos, pero ahora dice que nada de nada, que eso no lo hemos hecho por notario, que quiere la mitad del piso. Él renunció a la mitad del piso con tal de que yo me hiciera cargo de ellos. Yo lo que quisiera es que se queden en el piso, que trabajen, que se paguen sus cosas, y yo me voy a vivir sola. Porque yo ya he comprado un piso que ha sido mi parte.*

María Luz está poniendo las bases para una liberación del maltrato y una independencia personal, pero todavía necesita liberarse de unas expectativas que la mantienen atada al marido y a los hijos, o incluso respecto al trabajo, en espera de un cambio, un reconocimiento o una recompensa:

T.: *¿Quién no te quería?*

M.L.: *Ni yo, ni mi marido, ni nadie.*

T.: *¿Buscabas una recompensa?*

M.L.: *Puede que sí. Ahora no; puede que sea más espiritual, me veo más mi interior, no quiero ser aquella persona que era: ahora callo, voy haciendo porque tampoco estoy contenta así. No sé cómo enderezar mi vida.*

T.: *¿Qué necesitarías para estar contenta? ¿Qué es lo que te haría feliz? ¿Qué los demás te reconocieran?*

M.L.: *Pues, sí.*

T.: *¿Y qué sentirías si te reconocieran? ¿Qué tendrían que hacer para reconocerte?*

M.L.: *Pues, no sé, valorar lo que he hecho; he criado dos hijos sola; cuando mi marido me abandonó me dijo que tenía 35 años y que no había vivido la vida y se iba a vivir la vida; y yo también tenía 35 años.*

El hijo pródigo

En otras ocasiones no es la presencia invasiva de los hijos en casa, si no su alejamiento hostil, que de manera explícita o implícita lleva consigo un rechazo y repudio de los padres, el que da lugar a un atrapamiento en un expectativa de reencuentro que no termina nunca de verificarse. A través del silencio como respuesta y la distancia física como delimitación de su territorio, los hijos rompen todo tipo de relación con los padres, generando en ellos la sensación de haber perdido un hijo «desaparecido en combate», del que no se ha recuperado el cuerpo y ni siquiera se le ha podido dar sepultura, porque continúa vivo, aunque no da señales de vida. En consecuencia, tampoco se puede hacer el duelo por él.

La parábola del hijo pródigo (Lucas 15:11-32) plantea una situación en la que el hijo menor de un terrateniente abandona el hogar paterno, después de haber reclamado su parte de la herencia. Provisto con este dinero marcha a tierras lejanas donde lo malgasta en fiestas, orgías y comilonas. Casi arruinado y arrepentido, sin más recursos para continuar con su vida disipada, decide volver a la casa paterna, para pedir asilo, al menos, como uno más de los jornaleros que trabajan en las fincas de la familia. El padre se alegra de su vuelta, sale a recibirle afectuosamente y celebra una fiesta en su honor, a pesar de las protestas del hermano mayor. «Era necesario hacer fiesta y regocijarnos, porque este tu hermano estaba muerto y ha vuelto a la vida, estaba perdido y ha sido hallado».

Un cierto paralelismo con esta parábola evangélica lo podemos encontrar en el caso de Montse, una paciente viuda de 73 años. Acude a terapia de grupo por un problema con el hijo mediano, Marcos, de 45 años, que ha roto las relaciones con la familia sin dar más explicaciones. Esta ruptura no es solo con la madre, sino también con el resto de hermanos: Magda, de 47, la hermana mayor, y David, el pequeño, de 38, todos casados y con hijos. El padre murió ya hace años.

A la misma sesión acude también otra paciente, Eco, soltera que se halla en situación semejante respecto a sus hermanos y a su sobrino, la cual va a mantener un diálogo con Montse y los terapeutas sobre los sentimientos encontrados que les genera esta situación.

Inicia la sesión, Montse hace un balance del año transcurrido desde que Marcos, al que ella evita sistemáticamente llamarlo por su nombre, cortó repentinamente las relaciones con la familia y, aunque ha habido algunos intentos de acercamiento por parte de ella, estos no han encontrado eco alguno por parte de él.

> MONTSE: *Todo está igual. No se ha movido nada. Ni se ha movido él, ni me he movido yo. Aquí estamos en eso, que no movemos ficha ninguno de los dos. Yo lo voy a dejar pasar de momento, a ver qué. A lo mejor soy muy terca, pero me gustaría que el paso lo diera él.*
>
> T.: *Lo que sucede es que el paso ya se ha dado, pero no es el que te hubiera gustado. Porque de alguna manera él ya ha dado un paso, el de alejarse.*
>
> M.: *Un paso de no querer saber nada. Él ha dado un paso, yo no. Quizás él lo quiere así. No sé por qué está tan ofendido, está muy contra mí. A mí me gustaría saber por qué. Cuando ha pasado algo y le he querido preguntar, nunca he tenido respuesta. Ellos se cierran en banda, y ya está.*
>
> T.: *¿Y siempre ha sido así la actitud de tu hijo, de no responder a tus preguntas?*
>
> M.: *Sí, él siempre ha sido así. O si, en un momento dado, te puede contestar, se pone como una fiera. Y eso me echa para atrás. Yo quisiera que se arreglara, porque a mí él, la familia y estar bien me encanta. Pero claro, si pienso que si es él el que no quiere saber nada de nosotros...*

Ante esta situación de inmovilidad, a Montse se le plantea si se halla en una posición de aceptación o resignación.

> M.: *Entonces, lo que hago ahora, ¿es resignarme o aceptar?*
>
> T.: *El que se resigna ya no espera.*
>
> M.: *Yo espero, yo espero, claro.*
>
> T.: *Resignada es que se ha conformado. A ver, «resignar» significa literalmente «entregar las banderas», supone la rendición. El que se rinde*

ya no lucha, ya no espera… Aceptar sería diferente; por ejemplo, en tu caso: «acepto que no quieras hablarme, lo respeto pero no lo comparto, ni espero que hagas nada para cambiarlo. Y me libro de esta situación que me atrapa, que emocionalmente me tiene atada. Pues mira: tú eres así y continúas así. Yo por mi parte estoy abierta. Si tú vienes te escucharé, te aceptaré y te acogeré, pero si no vienes, no puedo hacer nada».

M.: *Entonces, ¿en qué fase estoy? Pues no sé. Que no la acepto, tampoco, claro.*

T.: *Tú no estás ni resignada ni aceptas la situación. Estás en un proceso en el que no has elaborado todavía el duelo de la pérdida de una relación y estás enganchada en un querer entender y a ver quién da el primer paso.*

M.: *Estoy enganchada en eso, pues sí. Y lo siento mucho, porque yo no soy así.*

T.: *A mí, por lo que estabas diciendo ahora, me da la impresión de que lo ves como algo definitivo. Pero eso es contradictorio con estar esperando. Porque quien espera no lo ve como una cosa definitiva y, de alguna manera, continúa pendiente de ello y, mientras tanto, no puede hacer su vida. Pero supón que tú, en un momento determinado, dices: «vale, no hay nada que esperar, ya le he dado tiempo más que suficiente y no ha dado señales de vida, por tanto dejo ya de estar pendiente y hago mi vida. Pero si un día volviera, le abriría los brazos».*

M.: *¡Sí! Claro que sí, que le abriría los brazos, claro que sí.*

T.: *De acuerdo. Pues eso no sería renunciar a tu hijo; no implica renunciar. Lo que me planteo es si en tu fantasía dejar de estar pendiente significa desentenderte de él. O sea, desinteresarte, renunciar, como si no tuvieras hijo. Hay padres que dicen: «para mí es como si estuviera muerto».*

M.: *Yo no. Yo pienso mucho en él. Quiero decir que no renuncio a saber. Pero no quiero dar el paso de llamarlo yo primero. Pienso que me va a soltar todavía más la caballería y entonces tengo miedo de que me diga aún más cosas que me lleguen a doler muchísimo más… Voy a escribir una carta en un sobre cerrado y sellado con lacre. Porque, si algún día me muero, se la voy a dejar escrita para él, con muchas preguntas. Para que se dé cuenta de que yo lo he pasado mal.*

T.: *¿Pero la intención de esta carta cuál sería? ¿Que la lea una vez tú estés muerta?*

M.: *Pues dejarle dicho muchas cosas, que yo hubiera querido saber en qué le he fallado, en fin, muchas preguntas.*

T.: *¡Muchas preguntas que no van a tener respuesta, porque ya estarás muerta!*

M.: *A ver, no intento hacerle daño, intento que sepa lo que me ha hecho sufrir. Como no se lo he podido decir en persona, ni de ninguna manera porque él se ha cerrado en banda, pues que lo sepa.*

T.: *¿Y cómo se quedará él el resto de su vida, cuando sepa que tú has escrito esta carta para cuando estés muerta?*

M.: *No sé, igual se queda tan fresco. Lo hago para que se entere. Igual le he podido fallar en muchas cosas, pero me hubiese gustado saberlo.*

T.: *¿Y si esas preguntas se las hicieras en vida y tuvieras una respuesta?*

M.: *Bueno, sí, puede que sería mejor. Pero entonces me arriesgo a que no quiera saber nada más de mí el resto de mi vida. Y eso no lo puedo tolerar.*

El paralelismo con la parábola del hijo pródigo es solo parcial en el caso de Montse. El hijo menor de la parábola se ha ido de casa y ha roto toda relación con la familia. Pero cuando se queda en la miseria, vuelve a casa del padre para que este le acoja, aunque sea como un jornalero más. El padre le recibe como hijo y se regocija con él, lo había dado por muerto y ahora ha vuelto a la vida, lo había dado por perdido y ahora lo ha reencontrado. Había hecho un duelo por él. No condicionaba su vida a esta pérdida, le había entregado la parte de la herencia y ya no esperaba nada de él. Por eso ahora puede celebrar su vuelta con alegría y sin rencor.

El hijo mediano de Montse no ha vuelto a casa, ni ha querido dar señales de vida o responder a las preguntas. Montse no ha hecho el duelo de esta pérdida. Espera que él dé los primeros pasos de aproximación a la familia, que explique los motivos de su alejamiento, que reconozca el sufrimiento que ha causado, que se sienta culpable. Permanece *atrapada* en la relación con su hijo a través del resentimiento, el miedo y la incertidumbre, a la espera de explicaciones y disculpas, la necesidad de justificarse a sí misma o a través de una venganza diferida para después de su muerte, mediante una carta sellada con lacre. De este modo no puede vivir su vida libremente, porque está *pendiente* de una llamada que no llega nunca, pero a la que supedita su bienestar emocional. Por eso «todo está igual, no se ha movido nada en todo un año». Su demanda es una queja, que se reitera en el vacío.

A quien Dios no le da hijos… David, el sobrino ahijado

Eco, nombre metafórico otorgado a una paciente de 46 años, llega a terapia de grupo con un diagnóstico de «depresión mayor recurrente», y con un historial de tres ingresos de urgencia en el hospital psiquiátrico por otros tantos intentos de suicidio.

El mundo de Eco es un mundo de relaciones. Ella se constituye y se define por sus relaciones (nieta, hija, hermana, tía, prima, amiga, esposa, nuera, cuñada…). Por eso su depresión está relacionada con la disolución progresiva del mundo de las relaciones con los demás, la muerte de los padres, la separación de la pareja, el alejamiento de los hermanos y, últimamente, la desaparición de su sobrino. La muerte social equivale para ella a la muerte ontológica. De ahí los sucesivos intentos de suicidio. No basta con ir superando las distintas pérdidas con sus correspondientes duelos, si no que su existencia ya no tiene sentido, una vez se ha extinguido el mundo donde se proyectaba.

Tal vez la relación de mayor significación en la vida de Eco es, precisamente, la de su sobrino David. Este vínculo se establece ya desde el momento de su concepción. Su madre, Mónica, quedó embarazada muy joven, a los 19 años, del hermano pequeño de Eco, que solo tenía 20. De inmediato Eco, que en la ocasión tenía 25 años, se vio implicada en este proceso. La primera cuestión que les planteó a su hermano y su futura cuñada era si deseaban al hijo o no. La respuesta está en el nombre que le pusieron al niño: David, «el deseado». A partir de ahí se hizo cargo de todo, desde apoyar a su hermano y cuñada, hasta mediar con los padres, asistirla en el parto o ayudarla en la crianza. «Yo no podría querer más a un hijo mío de que lo que he querido a mi sobrino».

Más adelante le hizo de madre, de modo que mucha gente se pensaba que lo era, en lugar de tía. Él no lo desmentía; aunque tampoco lo confirmaba. Esta suplencia se hizo mucho más activa después de que Mónica, la madre de David, con una larga historia de drogodependencia, marchara de casa dejando al niño con 6 años. Y todavía se hizo más presente desde que murió, tras ingerir una sobredosis de pastillas.

Este sobrino tenía una relación muy afectiva con su tía, hasta el punto de que Eco acudía muchas veces a visitarlo por sorpresa, para poder sentir la alegría y el afecto del chico al lanzarse a su cuello y abrazarla. El padre de David con frecuencia le pedía ayuda emocional para el chico, hablar con los profesores o ayudarle en los aprendizajes, y ella actuaba como madrina que asume el rol de madre en ausencia o deficiencia de esta.

Sin embargo, esta relación tan afectuosa y satisfactoria para Eco se ha diluido estos dos últimos años, desde que David, cumplidos los 18, se mudó a Barcelona a estudiar y luego se fue a Finlandia con una beca Erasmus. Ya no le llama, ya no se lanza afectuoso en sus brazos, ya no la lleva con su grupo de amigos, ni la incluye en su página de Facebook. Se ha esfumado, tal vez porque su tía, al intentar suicidarse repetidamente, le ha fallado como le falló su madre; ha dejado de ser un punto fuerte en el que apoyarse. Como le dijo a propósito de la muerte de su madre: «es inútil darle vueltas, ya no se puede hacer nada». En el mundo de Eco ya no resuena ninguna voz.

E.: *Llegó un punto en el que yo ya no quería vivir. Mi vida ya no tenía sentido. Perdí el norte totalmente, el sentido del amor, de todo. Sentía en mi interior que ni yo misma tenía sentimientos ni los demás los tenían hacia mí. Estaba como muerta por dentro. Nada me importaba. Estaba bloqueada, no podía ni llorar... Ahora reacciono a las cosas llorando, pero en aquel entonces no podía. Era el fruto de muchas cosas, de muchos años atrás. Cuando estuve en el hospital no me quejaba de que yo hubiera dado mucho, sino de que no viniera nadie a verme:*

«¿Por qué no vienen? ¿Por qué no están aquí conmigo?». Para llegar a la conclusión: «esto es que no me quieren». No que yo había querido mucho y que había dado mucho, sino que no me quería nadie. Evidentemente necesito a los demás, por eso tengo amistades y siempre las he necesitado. Ya desde pequeña buscaba en casa de los vecinos, porque estaba siempre de puerta en puerta. Supongo que buscaba cariño, que me hiciesen caso...

Eco comparte con Montse la expectativa frustrada de correspondencia por parte de los hijos. La experiencia de siglos de historia demuestra que esto no sucede necesariamente y que la expectativa de la reciprocidad, tantas veces frustrada, lleva con frecuencia a la decepción y hasta a la rabia, la depresión y la somatización. La vinculación oblativa tiene que estar compensada con una capacidad de autoestima y autocuidado, que haga del cuidado del otro un placer y no una inversión para recuperar con intereses.

LA VINCULACIÓN OBLATIVA FRATERNAL

Aunque la relación fraternal parte de vínculos cuyo origen se hallan en la infancia, estos suelen modificarse en la adolescencia y la juventud en la dirección de una mayor desvinculación, con la aparición de nuevas relaciones: amistades, parejas, vínculos laborales o profesionales. Sucede, sin embargo, que a veces los avatares de la vida llevan a generar relaciones de carácter sacrificial entre hermanos ya desde la infancia o en la primera juventud, de graves consecuencias para la autonomía de la persona que asume el rol de cuidador. Lo hemos visto en el caso de Miguel, desarrollado ampliamente en otra obra anterior (Villegas 2011, pp. 409-415) cuya vinculación oblativa con la madre venía ya de la infancia y que, por extensión, se producía también entre hermanos.

En otros casos, más graves, la dedicación o ayuda a alguno de los hermanos llega a interferir de modo permanente en la propia vida. En la película *Deliciosa Martha* se nos presenta el caso de la protagonista, que vive soltera y entregada a su trabajo como cocinera, su único mundo de realización profesional y social, a la que la muerte de la hermana la pone en situación de tener que hacerse cargo de su hija, lo que incide para siempre en el curso de su vida.

No muy distinto, es el caso de Fortunata, que hemos desarrollado ampliamente en otra obra anterior (Villegas, 2013, 328 -335), quien tuvo que hacerse cargo de la hija de 10 años que dejó una hermana suya al morir de sobredosis por heroína, con la consiguiente supeditación de su existencia a esta nueva condición. O el de Magda, que, a sus 48 años, no sabe todavía qué es de su vida. Desde pequeña se ha visto condicionada por tener que cuidar de una hermana con poliomielitis, llevándola a todas partes, como si de un lazarillo se tratara, sustituyendo con ello la función parental. Todas las relaciones con sus diversas parejas se han estrellado contra ese escollo.

Encarna llegó a hacerse cargo de los hijos de su hermana, por un proceso distinto. Cuando contaba solo 18 años, tuvo que acudir a cuidar de su hermana, enferma de cáncer, al tiempo que se hacía cargo de sus hijos y de su cuñado, el marido de la hermana, por lo que se trasladó a vivir a su casa. Tras la muerte de la hermana ya nadie dudó, ni ella misma, de que su sitio estaba en casa de la hermana, con la misión de suplirla como madre y hasta como esposa, casándose con el cuñado, de cuyo matrimonio nació otro hijo. Con el tiempo se separó de esta pareja y formó otra con quien recientemente también ha terminado por separarse. Ahora, a sus casi 50 años, se siente perdida y sin saber a dónde dirigirse, «siempre dedicada al cuidado de los demás».

Tatiana, oriunda de un país de la América Latina, ha tenido una historia todavía más accidentada. En sus primeros años de juventud tuvo que hacerse cargo de una hermana, la mayor, que estaba enferma de sida, para lo que tuvo que trasladarse a Estados Unidos. Los padres se inhibieron con la excusa que la hermana estaba en el extranjero y ellos tenían que hacerse cargo todavía de un hermano más pequeño. Después de varios años, en los que su misión fue prácticamente la de enfermera, noche y día, la hermana murió y Tatiana decidió venir a vivir a España para alejarse del entorno familiar, que hasta ese momento la había retenido en su propio desarrollo personal. Sin embargo, esta libertad le duró bien poco, puesto que el hermano menor llegó a España y no tardó en meterse en líos legales a causa de la droga, terminando en prisión. A partir de este momento Tatiana se convirtió en su garantía de libertad. Tenía que responder por él en sus permisos penitenciarios, viajando a otra ciudad donde se hallaba preso, para poder acompañarle en sus salidas. No podía irse de España, puesto que el hermano estaba empadronado en su casa, si no sería expulsado y encarcelado en su país de origen, en condiciones mucho más duras. Tuvo que renunciar a la alternativa de irse a vivir a Inglaterra, donde tenía la posibilidad de un trabajo interesante y de una relación que terminó por desvanecerse a causa de la distancia. Llegó a terapia desanimada, triste y apática. Aunque hablaba en voz muy queda, era capaz de llorar con facilidad; era su forma de expresar un estado de ánimo derrotado por la vida, una vida que no era la suya, sino la de los demás.

En todos estos casos la intervención terapéutica va dirigida a la construcción de la autonomía, basada en una redecisión de la vida, como en el caso Miguel, referido al inicio de este capítulo, que culminó en separación matrimonial y ruptura de lazos familiares, excepto con el hijo. Naturalmente no existe una resolución *a priori* de estos vínculos, sino que es responsabilidad del propio paciente la elección entre las diversas alternativas que le plantea la vida, en base al derecho a tener la suya propia.

Ocupar una silla

Carla, de 48 años, acude a terapia con una demanda centrada en saber cómo tratar a su hermana mayor que «tiene TOC». En la primera entrevista se extiende en describir hasta los más mínimos detalles los rituales preventivos que realiza su hermana con respecto a la higiene y la desinfección de todos los utensilios. Se siente culpable por haber marchado de casa a los 18 años, pero responsable a la vez por no proteger suficientemente a su madre de un padre machista, dominante y violento, ni a su hermana, la cual estuvo a punto de morir por una trombosis que se detuvo a tiempo, gracias a un *scanner* que se estaba efectuando en el momento en que le dio.

En el fragmento de entrevista correspondiente a la quinta sesión, plantea la legitimidad de su pertenencia al grupo, al darse cuenta de que su demanda no es propia (Villegas, 1996), cuestión que ella plantea como que está ocupando una silla que no es suya:

C.: *A mí me da la sensación de que he venido aquí a haceros perder el tiempo a todos, como si esta silla debiera ocuparla otra persona. Como si no me quisiera curar y esté quitando el sitio a otra persona. Es así como me he sentido... Nunca he trabajado estas cosas y a lo mejor me da miedo. O a lo mejor estoy empezando y no sé cómo seguir... Pero ahora mismo el problema central de mi vida es mi hermana. Y veo una montaña muy grande, porque allí se implica toda la familia. Mi hermana tiene un TOC de lavarse las manos, desinfectarlo todo, hacer muchas lavadoras, usar muchos pañuelos de papel, pasarse horas y horas en el lavabo. Ese sería un problema... Y el segundo sería que tiene muy mal carácter. Entonces, si juntamos los dos problemas con un tercero que es que mi hermana no se casó, no tuvo hijos, ni tampoco tiene sobrinos, al menos como sucedáneo. Y eso es algo que ella no supera, ni lo va a superar nunca.*

T.: *¿Qué no va a superar exactamente?*

C.: *No haberse casado ni haber tenido hijos; nos tiene en jaque a toda la familia. Creo que lo que necesito yo es intentar distanciarme emocionalmente de cómo está mi hermana. Mi hermana está enferma y empastillada. Prácticamente no se puede levantar de la cama. Y el problema es que está viviendo con mis padres, porque sola no podría vivir. La soledad es el primer monstruo. Y el segundo monstruo es mi padre. Claro, de monstruo a monstruo, me quedo con uno familiar, para no estar sola. Y aunque mi hermana sea mayor, cuando ve a mi padre es como si viera al mismo demonio. Pero tiene que estar bajo el mismo techo, porque no tiene otro... Entonces, yo he notado que mi vida ha ido en función de lo bien o mal que estaba mi hermana. Mis problemas son mis problemas. Pero yo he notado, a través de los años, que, en la medida en que mi hermana se iba poniendo mal, tan mal me iba poniendo yo. Que yo estoy bien y por culpa de mi hermana esté mal, no lo puedo tolerar. Lo de mi hermana me pesa mucho.*

Carla se entretiene aquí en describir con detalle las servidumbres que genera el comportamiento de la hermana en la familia, particularmente en la madre. Hay que cocinarle, hay que hacer lavadoras de continuo, porque se cambia dos veces al día toda la ropa, también la de la cama. Ocupa el baño durante cuatro horas seguidas. Pesa más de cien kilos. Había sido una persona muy activa; se levantaba a las 6 de la mañana, sin ningún problema para ir a trabajar. Ahora se pasa todo el día en la cama. Ella lo atribuye a las pastillas para dormir. Y a todo esto hay que sumar su mal carácter.

C.: *Si no estuviera el tema del mal carácter de mi hermana, esto sería más llevadero. Porque ya no sé distinguir hasta dónde llega el abuso, porque una cosa es su enfermedad y otra su carácter. Yo sé que hay una parte de ella que está abusando. Nos culpa, además, de que no se ha podido casar y tener hijos. Está sin trabajo, sin amigos, sin salidas, sin nada de nada. Lo que quiere es morirse. Valor para suicidarse no tiene. Pero si pudiera no despertarse nunca más… Ella me dijo: «soy un estorbo para todo el mundo». Está diciendo claro que no quiere vivir más. Y está muy cansada, cansadísima. Sabe que ella tiene la culpa de no haberse marchado de casa. Lo que pasa es que culpabiliza sobre todo a mi madre. Porque mi madre decía: «algún día nos pasará algo por tu padre, algún día nos clavará un puñal tu padre. A mí me va a pasar algo».*
T.: *Por eso se quedó, tu hermana.*
C.: *Y por eso, yo, la mala, las abandoné, sabiendo lo que sabía. Y yo, cuando tuve un sueldo, me fui de casa. Yo sentía que las abandonaba, que las dejaba en la cuneta. Pero no podía más. Y es que esta es la verdad. Entonces mi hermana se sentía como mayor y como responsable, no pudo dejar a mi madre aquí.*
T.: *O sea, nos va a clavar un puñal, pero no me puedo ir.*
C.: *Las tres le teníamos mucho miedo a nuestro padre. Cuando yo me fui, mi padre se envalentonó. Como diciendo «ahora podré más con dos que con tres».*

T.: *Pero igual que te fuiste tú, se podrían haber ido las demás.*
C.: *Claro. Mi madre ha aguantado mucho… Es que también mi madre tiene un pensamiento muy concreto sobre las personas separadas.*
T.: *Tú has empezado diciendo que estás ocupando una silla que a lo mejor debería ocupar otra persona. Y todo eso nos lleva a que tú estás ocupando el sitio de tu hermana, porque tu hermana está ocupando el sitio de tu madre, porque tu madre está ocupando otro sitio respecto a tu padre y a tu hermana. O sea, eso es una cadena infinita. Y al final vuelve a unirse otra vez…*

El atrapamiento de Carla tiene que ver con la hermana, pero a través de ella con el resto de la familia. En ese caso el triángulo dramático está compuesto por el padre, que ocupa el rol de perseguidor. La madre y la hermana mayor son sus víctimas y Carla escurre la responsabilidad de ocupar el rol de salvadora. Por eso acude a terapia, buscando a los socorristas de la playa que salven a la familia, porque ella no sabe nadar. Su posición de salvadora dimisionaria la lleva a sentirse culpable, pero a la vez a convertirse en víctima atrapada por su hermana que, con su comportamiento abusivo, se convierte a su vez en perseguidora del resto de la familia. Naturalmente el proceso terapéutico tendrá que ir dirigido a salirse de ese juego infernal.

5. Dependencia en las relaciones filiales

> Honrarás a tu padre y a tu madre.
>
> Éxodo, 20,12

LOS HIJOS PARENTALIZADOS

Aunque las relaciones filiales se generan en un periodo de la vida en que la relación de dependencia de los hijos hacia los padres es natural, no lo es, en cambio, la de los padres respecto a los hijos. Evidentemente un niño puede estar parentalizado a los 7 años y empezar a desarrollar una regulación oblativa para proteger, en el contexto de las relaciones familiares, a la madre víctima de un padre perseguidor o a un hermano pequeño, desamparado. Este niño se ve forzado a hacerse cargo de una situación en la que asume por obligación o por necesidad las responsabilidades de los padres, desde una posición oblativa prematura.

Lo hemos visto en el capítulo anterior, en el caso de María Luz, que ya de pequeña se hizo cargo de su hermana y desde los 12 aportaba dinero a casa. O lo podemos ver en el de Miguel (Villegas, 1999), el mediano de tres hermanos, que, en ausencia del padre por trabajo en el extranjero y ante la inoperancia de la madre maltratada, depresiva y alcoholizada, se hizo cargo de ella y de sus hermanos desde los 8 años:

Tal vez no lo acepto, pero puedo entender el comportamiento de mi madre cuando bebía: tres hijos en casa, un marido ausente que la engañaba; durante treinta o cuarenta años estuvo obligada a hacer de viuda blanca, y mi padre que se iba con mujeres... ¡Cuántas veces me he encontrado haciendo las faenas de mujer! Sentía que mi hermano me tomaba el pelo porque fregaba el suelo, lavaba los platos, preparaba la comida, todas las cosas que no debe hacer un niño a esa edad... Pero si yo no hubiera hecho estas cosas, ¿quién las habría hecho? Después, mis hermanos, cuando llegaban a casa, no llamaban a mi madre sino «Miguel, Miguel, ¿me ayudas a hacer los deberes?». ¿Quién lava los platos? ¿Quién quita el polvo? Miguel hacía todas las cosas que debía hacer mi madre. Porque desde pequeño he sido padre, madre, mujer, hombre.

El triángulo dramático

Sara, paciente de 32 años de edad, acude a terapia de grupo. En su caso se cruzan las relaciones de pareja y las familiares, predominando estas últimas como contexto afectivo en el que se generan las condiciones para un atrapamiento filial. Su auténtico enganche, que aún perdura en la actualidad, lo tiene con su familia de origen, en la que se halla atrapada en un triángulo dramático (Karpman, 1968). Este consta de tres personajes que ejercen roles complementarios en su interacción: perseguidor, víctima y salvador. En su caso este triángulo se halla formado por el padre, perseguidor; la madre, víctima; y ella, Sara, salvadora de la madre y, a la vez, víctima del padre. Dado que la estructura del triángulo es dinámica, los personajes pueden ocupar alternativa o sucesivamente más de uno de los roles.

Otros personajes pueden entrar ocasionalmente en la dinámica triangular, como el hermano mayor, que mantiene una posición periférica, asumiendo la función de salvador de la hermana («me ha hecho de padre y madre») durante su infancia, simultáneamente a la de perseguidor del padre. Actualmente drogadicto, se inclina a perdonar al padre al que considera el más débil después de la embolia que lo tuvo ingresado tres meses, aunque luego se ha recuperado muy bien.

Presiona a la hermana para que también lo perdone, pero ella se niega en redondo. El padre, alcohólico y maltratador, abusó de ella.

T.: *¿Pero cuánto tiempo duraron los abusos, Sara?*
S.: *Desde los 12 años hasta después, cuando me pasó lo de mi expareja y volví a casa. Y estando ahí, venía borracho mi padre por la noche, hasta que ya dije que no podía más.*
T.: *O sea a los 12 empezó a abusar de ti…*
S.: *Tocamientos y vejaciones, sobre todo cuando iba bebido, y maltrato también psicológico, aunque estuviera sobrio. Nunca me llegó a violar. Yo me resistía también, pero lo que hacía ya no era normal. Entonces, como me veían mal, porque yo me callaba, pensaban que tenía problemas de anorexia.*

La madre padecía problemas de depresión y una hepatitis vírica, contraída a través del marido, al tiempo que era víctima de su maltrato.

T.: *¿Y tú, por qué callabas?*
S.: *Por no dejar a mi madre sola, porque entonces mi padre ya no se cortaba con mi madre, yo veía que le pegaba y pensaba «cualquier día de estos la mata». Además mi madre estaba súper mal del hígado, y luego por el problema de mi hermano y la drogadicción… Tenía miedo de que mi hermano matara a mi padre.*
T.: *A lo mejor ella no os dijo nada por no haceros daño, por taparlo.*
S.: *Sí, porque ella pensaba que nosotros seríamos más felices no sabiendo todo el problema. Y yo no lo hice básicamente por el tema de mi hermano.… Yo alguna vez le pedí por favor si me podían poner un cerrojo en la habitación. Yo creo que eso ya es un síntoma de que algo no funcionaba. Es que yo no dormía, yo no llegaba a dormir dos horas, y encima me decían que tenía anorexia. Lo que comía lo quemaba; porque, como estaba destrozada del sistema nervioso, ¿cómo iba a dormir?… Yo no quiero volver a estar medicándome ni que me envíen a una psiquiatra, que ya me dijo que iba a tener que estar medicándome toda la vida porque en mi caso era crónico. Porque yo no voy a ser crónica. Yo no quiero caer otra vez en algo así…*

En este triángulo Sara ocupa la posición de víctima, no solo por haber sido abusada anteriormente por el padre, a la vez que la de salvadora, por haber asumido en la actualidad la responsabilidad de la economía de la madre, que tiene pendiente la devolución de una hipoteca mensual, que ella le ayuda a pagar.

> S.: *Para mí lo más importante es la familia, lo que no he tenido… Ha sido no poder evolucionar porque tienes que hacerte cargo de cosas que no te tocan… Pero por encima de todo está el fallo de un padre hacia una hija, que en vez de protegerla, abusaba de ella.*
> T.: *¿Y en la actualidad qué te liga a tu madre?*
> S.: *Yo siempre digo que cuando termine de pagar la hipoteca de mi madre, mucho de mi malestar acabará… Porque estará como semisolucionado un problema y podré respirar tranquila. A ver, para mí es un peso muy gordo.*
> T.: *Porque tu madre no puede…*
> S.: *Mi madre tiene una pensión mínima de cuatrocientos euros. Ni enchufa la estufa porque consume mucha electricidad. O sea, yo a mi madre no la puedo abandonar… Prefiero sacrificarme y verla tranquila, porque si está más o menos bien, yo me siento mejor. Cuando ella está mal, alterada y súper depresiva, todo el día llorando, me hace tanto daño que antepongo que ella esté bien. Y por eso le tengo dicho: «mamá si no te llega, yo te ayudo a pagar la factura».*

La posición de Sara en ese triángulo dramático ha sido siempre doble, ya sea de víctima como de salvadora. Para poder ejercer esta última función tiene que ocultar su condición de víctima. El resultado de esta ocultación es una doble victimización, en este caso de la psiquiatría que la diagnostica de anoréxica y la maltrata farmacológicamente. Víctima de un padre abusador, calla para proteger a la madre de un padre/marido maltratador y a este de un hermano vengador. A esta posición relacional en la que la persona se sacrifica a sí misma, en ese caso incluso económicamente, para proteger o cuidar de los demás, la hemos llamado «oblativa» (Villegas, 2011), en cuanto obedece a una regulación socionómica vinculante, en la que se privilegian los lazos afectivos por encima de todo lo demás, incluso por encima del propio desarrollo y bienestar o a costa de sacrificios.

El refugio familiar

Para que se den situaciones de atrapamiento filial no es necesario suponer un cuadro familiar tan desastroso como el que nos ha descrito Sara en el caso anterior. A veces el cuidado de la familia de origen es el refugio al que acude la persona para mantener una posición de estancamiento evolutivo, frente a las exigencias de autonomía propias del pasaje a la vida adulta.

La bomba atómica

Mariona es una joven de 27 años, soltera y sin hijos, que acude regularmente a una terapia de grupo. En la sesión de cierre de curso se la invita a hacer un balance de su situación actual y el proceso seguido hasta el momento, que sintetiza ella de este modo:

> MARIONA: *Hay días en que siento que he fracasado. Que estoy en una posición que no es la que me tocaría.*
> TERAPEUTA: *¿Y dónde tendrías que estar?*
> M.: *Yo creo que ya debería haber terminado la carrera, tener un trabajo fijo, que ya me tocaría, tengo 27 años… Tener un piso, ya; poder independizarme. Tener pareja* (sonríe), *que tampoco la tengo, ni está a la vista. Una serie de cosas que no tengo.*

Es decir, un fracaso, manifiesto a través de un estado general de desmotivación, depresión, ataques de pánico, rutina, aburrimiento. Y, sobre todo, procrastinación claramente evidenciada en el tema de la universidad:

M.: *Y el tema de la universidad, que de momento se me está convirtiendo en una cruz… Entré en la Universidad con 22 años. Quería hacer la carrera de derecho, pero opté por relaciones laborales, que es como derecho, pero solo derecho laboral… Pensé: hago tres años de relaciones laborales, busco trabajo y después me matriculo en derecho. Llevo ya cinco años y todavía no he terminado. Estoy encallada en asignaturas de segundo. El año pasado no fui en todo el curso a la universidad. Me matriculé, pero fueron pasando los días y no me movía de casa. Y en casa solo estudié un poco. Caí en una rutina total, hasta me angustiaba del aburrimiento.*

A través de la sesión la paciente intenta justificar este bloqueo académico con mil excusas de cuya naturaleza ella se da perfecta cuenta: que si tiene que coger el tren para ir a la universidad, que si tiene que repetir asignaturas que ya estudió, que si los exámenes tipo test no reflejan lo que ella sabe, que si es perfeccionista… Las causas de este fracaso y de su reactividad depresiva ante él hay que buscarlas en atrapamientos relacionales en el ámbito familiar y de las amistades.

M.: *Me di cuenta de que siempre tenía que pedir disculpas… Es decir, que asumía los roles que la gente quería de mí, es decir, si me querían como hija, yo era como una hija; si me querían como amiga, yo era una amiga. Y no había aprendido a decir que no.*

El tema de las amistades constituyó motivo de una crisis psicológica importante durante los tres años anteriores al ingreso en la universidad. Y todo a causa de una decepción con un grupo de cinco amistades muy próximas en el que se sintió marginada al constituirse parejas entre ellas, sintiendo que se quedaba sola y excluida.

M.: *Cuando empezamos el grupo éramos muchos, pero al final quedamos cinco personas, dos de ellas, chico y chica, eran pareja, y las otras dos chicas del grupo también era pareja, y yo sola. La situación vino por ellas dos. Y sobre todo me dolió porque había compartido muchas cosas con ellos, que los consideraba muy buenos amigos y que por una estupidez se fuese todo al garete.*

El grupo de las amistades es o ha sido muy importante para ella, pero no pertenece a aquel conjunto de objetivos a conseguir que le tocaría por la edad (pareja, piso, carrera, trabajo...). Estos objetivos, que indicarían un paso hacia la autonomía, se hallan particularmente impedidos por su atrapamiento en el sistema familiar: «Si quieres que sea una hija, seré como una hija».

Mariona se mueve en un círculo vicioso según el cual debería haber conseguido el grado de autonomía que correspondería a su edad, pero la consecución de esta autonomía implicaría dejar de «ser como una hija». A su vez, este estancamiento evolutivo le permite eludir las responsabilidades de la edad adulta. Y esta es la «enfermedad» que le impide y la excusa al mismo tiempo de completar el ciclo formativo universitario. Una reacción sintomática muy potente lo puso de manifiesto en la cena familiar de Nochebuena, durante la cual Mariona empezó a sentir un dolor en el pecho y el brazo, de modo que pensaba que se moría. Se trataba de un ataque de pánico en toda regla.

M.: *Me puse blanca y sin decir nada me fui al baño yo sola, y allí la ansiedad me dio tan fuerte que pensaba que me iba a morir de un infarto.*

T.: *Pero, aunque podía ser un infarto, no se podía interrumpir la cena.*

M.: *No, no es que no se pudiese, sino que no los quería espantar. Y después le comenté a mi madre «¿te imaginas cómo estaba? Tenía la sensación de que me iba a morir y el pensamiento que me venía era en el mal rato que os haría pasar a vosotros». Es decir, no pensaba: «Ay, me muero, se termina mi vida y no podré hacer nada más». En lugar de esto pensaba: «Ay, me muero, la que tendrán que pasar ellos, pobres que los dejaré solos. ¿Qué harán sin mí?» (ríe).*

T.: *Un ataque de pánico. Y justamente te dio en la cena de Nochebuena; qué casualidad. Te habías matriculado en septiembre y luego no te acercaste más por la universidad. Fueron pasando los días, las semanas y los meses hasta que llegó la Navidad.*

M: *Sí (ríe), mea culpa.*

T.: *¿Qué derecho tengo a celebrar la Navidad si no he hecho lo que tenía que hacer, si no he cumplido con las expectativas que la familia tiene puestas en mí?*

El atrapamiento de Mariona en el rol de hija que la mantiene en posición dependiente de sus padres, a la vez que cuidadora de ellos, se revela en toda su crudeza en un sueño que tuvo la paciente, evocado por una propuesta que hizo el terapeuta en una sesión anterior:

T.: *Si en cualquier momento te dijeran «imagínate que explota una bomba atómica aquí y desaparece todo menos tú, porque estabas en el búnker aquel día». Luego sales al exterior y no hay nadie en cien kilómetros a la redonda. Y te pregunté qué te pasaría aquel día. ¿Y entonces tú, Mariona, qué dijiste?*

M.: *Dije algo que después, al llegar a casa, pensé «qué burra ¿no?, qué bestia». Dije que me sentiría «liberada».*

T.: *Y pensaste «¡qué bestia!».*

M.: *Sí, sí. Porque no hacía mucho tiempo que lo había soñado, pero en mi sueño quedaba gente, se mantenía la familia. Pero me sentía como liberada, porque sentía que aquello era como si lo cambiase todo.*

T.: *¿Y qué pasaba con esta gente?*

M.: *Nada, pues teníamos que hacer limpieza, reconstruir edificios, cosas así. Porque se había ido todo al garete. Y eso me hacía sentir útil.*

T.: *Útil... ¿Y tu familia?*

M.: *Mi familia estaba viva, pero no estaba nunca a mi lado en el sueño. Los veía, pero no los tenía al lado. Yo sabía que estaban, pero que estaban lejos...*

T.: *No eran responsabilidad tuya en ese momento.*

M.: *Yo iba a la mía, iba a mi bola, hacía mis cosas libremente.*

T.: *Claro, no estabas atada, no te sentías atada.*

M.: *No. Pero claro, si tengo que esperar a que haya un cataclismo para sentirme libre y quedarme a gusto, vaya tela* (ríe).

T.: *Esto, al mismo tiempo, te indica cuál es tu problema.*

M.: *Sí, exacto. «Parientes y trastos viejos, pocos y lejos».*

T.: *¿Y esto te hace sentir liberada o te sientes «presa» de alguna cosa?*

M.: *Sí, a ver, muchas veces me doy cuenta de que siento mucha presión. Sí, sí, sobre todo por parte de mi padre.*

T.: *Entonces la cuestión es cómo te puedes liberar de esta presión sin necesidad de eliminar a nadie con la bomba.*

M.: *Claro, esta es la cuestión. Yo, en mi caso, me hago mucha presión, es verdad, pero también me la hacen. Porque a lo mejor no es de una manera totalmente directa, pero sí, está ahí, o al menos yo la siento sutilmente de fondo.*

El atrapamiento de Mariona en las relaciones familiares no parece responder tanto a unas necesidades reales de sus miembros como a unas expectativas imaginarias sobre su papel de hija perenne, que la mantienen en una posición de dependencia, opuesta a la asunción de una autonomía responsable. Por eso, a los 27 años, no tiene todavía ni trabajo, ni piso, ni pareja, ni ha terminado aún su carrera.

PIEDAD FILIAL

Cuando la dedicación oblativa se produce en un momento evolutivo avanzado, hijos adultos respecto a padres ancianos, se trata probablemente de una nueva relación y un nuevo vínculo, puesto que los vínculos paterno-filiales de la infancia se rompieron ya en el periodo de la adolescencia y la primera juventud y ahora requieren una nueva instauración, desde una posición adulta, que podemos evaluar como socionómica. Los sentimientos en estos casos no tienen por qué estar vinculados a la obligación o la culpa, sino a la pena, la compasión o la «piedad filial».

Mimo a mi mamá

En el caso que exponemos a continuación, los vínculos en los que se encuentra atrapada en este momento vital Ana, (cfr. capítulo 1), tienen que ver sobre todo con el cuidado de la madre, ya mayor, aunque de joven afectaron también a sus relaciones de pareja. En el transcurso de su historia vital encontramos tanto una vuelta a la dependencia de la madre, un regreso al hogar materno, como un hacerse cargo de ella, cuando la madre se vuelve frágil y dependiente hacia el final de sus días. En el diálogo que sigue, Ana desarrolla el tema de la dependencia con la madre y la necesidad de asumir su propia autonomía.

> A.: *Mi madre siempre ha visto que yo la necesitaba mucho; porque cuando yo me casé con mi primer marido, nunca había salido del entorno de mi madre. Yo iba a la mía, vivía muy feliz y muy despreocupada. Pero después, cuando me marché y la vida se me puso tan dura, entonces echaba mucho en falta a mi madre. Y cuando ya me separé, mi madre crio a mi hija, porque yo confiaba solo en ella, Y como nos vinimos y yo no tenía trabajo, mi madre nos acogió con los brazos abiertos y nos dio de comer... Y luego, cuando ya me hicieron fija, mi madre venía a casa, yo trabajaba, y ella me ayudaba. Pero luego he ido situándome económicamente y he ido teniendo más tiempo para la casa; pero ella sigue llevando la casa como si fuera la suya.*

La posición originalmente dependiente de Ana respecto a la madre, síntoma de una inmadurez evolutiva, con el tiempo se ha ido convirtiendo en un problema estructural, en la medida en que un aumento de su autonomía funcional y psicológica genera un conflicto entre la dependencia y la necesidad de independencia. Ahora es la madre la que está derivando hacia la dependencia funcional y Ana se ve obligada a resituarse en este nuevo escenario.

> *Y esta es la parte que me molesta; porque a mí también me hace mucha falta para realizarme como adulta; como mujer, como esposa, como madre y como hija. Lo que pasa es que mi madre esto no lo ve. Mi madre me ha comido todo el terreno. Y ahora que ya no la necesito, es muy duro apartarla y arrinconarla. Yo necesito realizarme, sí; porque, además, eso me hace sentir mayor, como si recuperase todos esos años perdidos; pero ella eso no lo entiende. Y es que en mi casa no puedo gobernar. Me gustaría estar sola. Sola, no: libre. Yo acepto que mi madre me ayude, no que me suplante... Desplazarla sería como quitarle todos sus alicientes. Aunque ella estaría mejor atendida si me dejase gobernar...*

La resolución de este tipo de dilemas no es posible, sin embargo, sin la contribución de intensas emociones de pena y tristeza que irán reblandeciendo las fronteras que tienden a hacer incompatibles las tendencias más egoístas de satisfacción de las propias necesidades, con las más altruistas de atención a las necesidades de los demás.

> A.: *Ayer me di cuenta de repente de que mi madre va perdiendo y no se queja. Está muy sola mi madre. Quiero dedicarle tiempo a acompañarla, darle seguridad. Sé que si mi madre se va, lo voy a superar. Ya no tengo dependencia como antes; antes me volvía loca de pensar que se me podía ir, pero he llorado mucho. Yo hasta ayer no lo veía, yo veía que se iba quedando más pequeñita, poca cosa. Además ayer le vi carencias de cosas, que quizás necesita y no pide. En muchos momentos me apetecería no tener marido, para no tener nada que me sujetase fuera de mi madre. Ahora, por ejemplo, si yo estuviese libre, me iría con ella o ella se vendría conmigo. Y entonces, mientras ella estuviese bien, yo seguiría trabajando, pero estaría dedicada a ella; mis horas libres serían para ella… Es que es mi ilusión mimar a mi madre; para mí sería una gozada. Hasta ahora ella no ha necesitado nada. Pero ya es el momento que lo necesita y yo lo tengo que hacer. Porque mi madre para mí lo es todo.*

ATRAPAMIENTOS DE ULTRATUMBA

Los vínculos filiales a veces perduran en el tiempo más allá, incluso, de la muerte de los progenitores. La deuda hacia los ancestros está antropológicamente ritualizada con el culto a los muertos, como atestiguan los enterramientos documentados ya desde el paleolítico. Desde el punto de vista psicológico se manifiesta a través del proceso de duelo, que, con frecuencia, arrastra consigo sentimientos de culpa y deuda difíciles de pagar, que para algunas personas pueden perpetuarse durante todo el resto de su vida.

Fantasmas nocturnos

La paciente, a la que hemos asignado arbitrariamente el nombre de Nadia, de nacionalidad alemana y 42 años de edad, lleva mucho tiempo en nuestro país. Hija única, sus padres murieron hace ya tiempo: veintinueve años el padre y catorce la madre. Ha trabajado en comercio internacional. En la actualidad está sin trabajo y presenta sintomatología depresiva y bulímica, además de obesidad. Ha consumido drogas y alcohol. Acude a un grupo de terapia por indicación psiquiátrica.

Sin embargo, su demanda, ya desde el primer día, no parece querer dirigirse a ninguno de esos problemas, que considera demasiado «psico», sino centrarse en la cuestión laboral, tal como resulta del siguiente diálogo con el que cierra su primera entrevista.

> TERAPEUTA: *Entonces tu problema real es que necesitas un trabajo, porque tu problema real es que estás en números rojos.*
> NADIA: *Tan rojos que casi son negros.*
> T.: *Bueno, ya están carbonizados; lo que necesitas es un trabajo.*
> N.: *¡Ajá! Y no puedo hacer más que mandar hasta diez currículos a puntos diferentes... Porque por educación a mí me cuesta muchísimo vivir como un parásito y eso es una cosa de los principios que yo no puedo aceptar.*

Estas últimas palabras de Nadia, sin embargo, ya nos dan a entender que la necesidad de encontrar un trabajo tiene un significado mucho más profundo, «no querer ser un parásito», que el puramente crematístico. Este significado se pone de manifiesto a propósito de un sueño, que relata en una sesión posterior.

> N.: *Últimamente estoy soñando mucho otra vez con mi madre. Y siempre nos estamos peleando y yo la estoy maltratando con palabras. Y mi madre en el sueño es una persona que no ha sido nunca, como si en mi subconsciente estuviera buscando un diablo para todo lo malo que me ha pasado en mi vida real. Y me despierto completamente decepciona-*

*da. Que la mando al infierno y la culpo de todo lo que puede pasar
en mi vida, y que me ha maltratado, y cosas que no son verdad. Pero
entonces, por la mañana, ya me levanto atrapada y necesito una o dos
horas para aclararme...*

T.: *La madre que sueñas no es la que fue en verdad.*

N.: *Mi madre ha hecho todo lo posible para mantenerme económicamente. Ha trabajado siempre para darme mis caprichos o para facilitar
mis deseos. Y aún ahora estoy viviendo de este dinero, que no es mío...
Bueno, es mío, pero yo no me lo he ganado. Es fruto del trabajo de mis
padres; pero mis padres están muertos. «¿Tú les has quitado algo?... No;
entonces, es tuyo». Esto es lo que entiende la gente, y yo también; pero
aquí* (señala el corazón) *no lo siento.*

T.: *Sientes que ese dinero no es tuyo.*

N.: *Es mío, pero no lo es, me lo han dado.*

T.: *Porque sería tuyo si...*

N.: *Si yo lo hubiera ganado, o ahora, por lo menos en estos momentos,
fuera capaz de aportar lo mío para mi propio sustento, ¿no? En lugar
de vivir como parásito, que es como me siento yo. Si tuviera un trabajo, entonces, por lo menos, me sentiría digna de recibirlo o de tenerlo,
digamos... Y yo me siento culpable de tener esos sentimientos hacia mi
madre que no sé de dónde me salen.*

El trabajo es tan importante para Nadia porque le permite vivir de su
esfuerzo, con sus propios medios, lo que constituye la justificación
de su existencia. De lo contrario se considera un parásito, que vive
de las rentas que ahorraron sus padres, origen de sus sentimientos de
deuda y culpa, que la tienen atrapada.

T.: *¿Te sientes en deuda con ella?*

N.: *Sí, eso es lo que me pasa en el sueño. Tengo esta sensación de deuda,
esta sensación de que nunca hemos podido hablar. Yo le he hecho algunas preguntas y ella me ha respondido, pero no me ha convencido...
Para mí, desde luego, sí, la respuesta existe; pero esa respuesta me hace
sentir aún más culpable.*

T.: *¿Cuál sería la respuesta que te hace sentir más culpable?*

N.: *Que al existir yo, les he malogrado la vida.*
T.: *Ajá. ¿Y tú eres culpable de haberles malogrado la vida?*
N.: *De haber existido, sí. Si yo no hubiera nacido, su vida hubiera sido bastante mejor. Mi madre sacrificó su vida para tenerme a mí. Mi padre tenía 49 años y mi madre 47 y querían adoptar un hijo y mi madre ha dicho «¿por qué no tenemos uno propio?». Y aquí estoy yo. Y ojalá no me hubieran tenido, porque estoy convencida de que su vida hubiera sido mucho mejor.*

Esa sensación de atrapamiento, ejercida sutilmente por la madre, se transforma en los sueños en la figura de un demonio del que necesita liberarse.

T.: *¿Entonces, te gustaría liberarte?*
N.: *Me gustaría, pero no sé cómo hacerlo.*
T.: *A lo mejor tienes que rebelarte.*
N.: *Pero ¿cómo me puedo rebelar, si realmente no me ha hecho nada malo? Te rebelas frente a alguien que te ataca, que te hace daño, pero ante una persona que se rinde a tus pies, que hace cualquier cosa por ti, ¿cómo te vas a rebelar?*
T.: *Rebelarse no significa necesariamente atacar, no significa agredir, puedes agredir a alguien que te agrede, pero rebelarse es... liberarse.*
N.: *¿Y cómo te puedes liberar de alguien que ya no está?*
T.: *Bueno, si es alguien que ya no está, puede estar su fantasma y los fantasmas te persiguen; por lo tanto, no hay que liberarse de ella, sino del fantasma.*
N.: *Pero tampoco podría distinguir entre lo que es ella y lo que es su fantasma.*

Es cierto que la madre también murió hace catorce años, pero ha quedado su fantasma, producto del sentimiento de culpa de Nadia.

N.: *Ya sé que en realidad no soy culpable, ¡pero me siento culpable! Y si eres culpable de verdad de algo, puedes pedir perdón o tratar de arreglarlo.*

T.: *Bueno, entonces tú te sientes culpable de algo que no has hecho.*

N.: *No lo he hecho, pero lo he provocado. ¿Vale? Eso es lo que me dice la mente… Yo sé de qué estoy hablando cuando hablo de culpabilidad.*

T.: *Entonces ella te ha hecho sentir culpable.*

N.: *Supongo que sin querer. Mi madre ha sabido ser muy sutil. Para Navidad, vacaciones de verano y Semana Santa iba a verla. Ella siempre me tenía muy cogida, porque, cuando me iba a despedir, su truco era decir «menos mal que para Navidades solo faltan dos semanas». Entonces a mí ya me había atrapado, «tú aquí por Navidades». Y nunca me he atrevido a rebelarme, porque me sentía culpable. Por eso digo que siempre me ha tenido agarrada, no de una forma física, sino muy sutil. Y sí, ahora me tiene agarrada también con el fantasma.*

T.: *¿Y qué pretendía ella con eso?*

N.: *No sentirse sola… Pero nunca me lo decía. Aparentemente, me dejaba hacer lo que yo quería… Su última frase era, pues, «faltan tantos días prácticamente para poder volver a vernos»… Y ya me tenía ahí atada.*

T.: *No te permitía separarte.*

N.: *Emocionalmente, no.*

T.: *Eso crea unos lazos que ahogan.*

La percepción de atrapamiento relacional, experimentado por Nadia en la relación con la madre, necesitada de afecto, convierte esta experiencia en el demonio persecutorio que, a través del sentimiento de culpa, aparece en sueños.

T.: *Entonces tus sueños te están diciendo que ella era un demonio.*

N.: *No, era una enferma alcohólica y yo lo entiendo.*

T.: *Pero, independientemente de ser una enferma alcohólica, ella establecía unos lazos emocionales con los que te tenía enredada. Eso para ti era malo, porque no te permitía sentirte libre.*

N.: *Sí, me parece también una explicación de por qué yo no permito ningún lazo.*

Una de las trampas donde acostumbran a quedar atrapadas las personas en las relaciones afectivas suele ser la de sucumbir a las buenas intenciones (o, al menos, a las no malas) de quienes practican el chantaje emocional, desde la exigencia de satisfacer sus necesidades. Esto es lo que le sucede a Nadia con respecto a su madre, que no puede reconocer el daño que le ha hecho, porque cree que no era esa su intención.

> N.: *Yo no creo que mi madre fuera consciente de esto.*
> T.: *Seguramente no, pero sus propias necesidades repercutían sobre ti y te ahogaban, te hacían sentir atada, dependiente. Para evadirte de esta dependencia buscabas otras cosas, pero no podías escurrirte de ese fuerte lazo emocional. Entonces, de alguna manera, necesitas ahora romper ese lazo.*
> N.: *Claro, pero ¿cómo?*
> T.: *Pues eso, necesitas decir «ella tenía esas necesidades y sin darse cuenta, sin pretenderlo, de alguna forma, me hacía daño». Entonces la cuestión está en liberarse de algo que nos hace daño, aun cuando no nos lo quieren hacer.*
> N.: *Pero yo me he liberado, yo sabía lo que ella pretendía.*
> T.: *No, tú te has escapado; pero no te has liberado. La culpa te sigue persiguiendo en sueños.*
> N.: *Cierto, me he escapado. Pero al escaparme, si a lo mejor hubiera estado un poco a su lado, en lugar de decir «fuera, no me ates más», quizás los últimos años que ella ha pasado podrían haber sido un poco mejores.*

Nadia remacha el clavo de la culpabilidad con una experiencia semejante, todavía más traumática, que vivió con una pareja en su pasado reciente, que se suicidó al ausentarse por unas horas. Culpabilidad que nace del chantaje emocional en virtud del cual las necesidades del otro se convierten en obligaciones para mí.

> N.: *Esto me pasó otra vez con otra persona, que por decir «no me ates más, yo necesito mi vida», la misma noche se tomó unas pastillas y lo tuve casi quince días en coma. Y volvió y le dije que todo iría bien. Se estaba apoyando en mí otra vez en todo, las veinticuatro horas del día.*

Y yo estaba consiguiendo ponerlo un poco más en su sitio, hasta un día, que yo necesitaba otra vez un espacio libre para mí, le dije: «mañana vendré antes de ir a trabajar, pero ahora no puedo». Al día siguiente lo encontré muerto. Así que eso me ha pasado en más de una ocasión. Ya sé que no soy responsable; pero podría ser culpable.

T.: *Sí, claro, podrías ser culpable de no haberle dado lo que él necesitaba.*

N.: *Y con exigencias.*

T.: *Pero si uno está obligado a dar lo que el otro necesita, eso es un chantaje emocional. Las personas que nos atan, nos atan emocionalmente, nos atan desde sus necesidades. En la medida en que nosotros entramos en el juego de satisfacer sus necesidades, estamos sustituyendo a la otra persona, y nos enajenamos en esa situación y acabamos sintiéndonos prisioneros.*

Lo que mantiene atrapada a Nadia en la relación fantasmal con la madre es la culpa, y la culpa es producto del chantaje emocional. El problema es que generalmente delegamos en el otro la responsabilidad del chantaje, esperando que cese voluntariamente de hacerlo, en lugar de liberarnos de él.

N.: *Yo no quiero a nadie en mi círculo emocional. Mientras controlo emociones, muy bien, pero si a una persona la veo más cercana a mí de lo que yo quiero, le rehúyo. Dejadme en paz. Sí, y a veces lo hago con mi madre. Tengo un cuadro de ella en el comedor y se lo digo, le digo «mamá, por favor, suéltame ya».*

T.: *Sí, pero perdona un momento. Tú dices «por favor, suéltame». No es que ella te tenga que soltar, eres tú quien la tiene que soltar, no depende de ella soltarte. Este fantasma te lo creas tú, eres tú quien la tiene que soltar a ella. Y, si quieres, le puedes rezar una oración cada noche antes de irte a dormir y decir «mamá te suelto porque nuestra relación fue de mucha necesidad, pero no de satisfacción, porque yo no te podía dar lo que tú necesitabas y porque tú necesitabas lo que yo no te podía dar... Entonces nos hemos equivocado, nos hemos enredado. Nos vamos a perdonar y nos vamos a dejar en paz».*

N.: (suspira) *Ya me gustaría.*
T.: *Es una oración que uno puede rezar, esta u otra, o ninguna. Se trata de que tú la sueltes a ella, no de que tu madre te suelte a ti. Si tú la sueltas, el fantasma que es fruto de tu fantasía —y por eso aparece en sueños— se puede desvanecer.*

Los atrapamientos filiales pueden abarcar un amplio arco vital en la vida de los hijos, desde la infancia hasta la edad adulta avanzada e incluso, en muchos casos, como el de Nadia, persistir aun después de la muerte de los padres. La asunción de funciones prematuras por parte de los hijos para hacer frente a severas disfunciones en la estructura familiar puede representar un serio impedimento para el desarrollo de la autonomía personal. Los sentimientos de obligación, de culpa o de deuda nos pueden perseguir incluso en sueños. Atrapadas en el rol de salvadoras, y generalmente también a la vez en el de víctimas, muchas personas acaban desarrollando una dependencia, que se erige como impedimento para su evolución personal hacia la autonomía.

Asumir voluntaria y libremente el cuidado de los padres cuando estos son mayores y se vuelven dependientes puede ser, por el contrario, un acto de piedad filial, surgido de la gratitud y madurez de una autonomía responsable. Y esa decisión, a su vez, puede ser plenamente satisfactoria, motivo de paz y tranquilidad espiritual de quien la haya tomado, aunque conlleve inevitablemente esfuerzo y sacrificio.

6. De la dependencia al maltrato

> Porque son uno y lo mismo
> los memos de tus amantes,
> el bestia de tu marido.

> Jaime Gil de Biedma

Amores que matan

Parece evidente que la experiencia amorosa predispone tanto desde el punto de vista fisiológico como antropológico, cultural y psicológico a una cierta acomodación a las exigencias de la relación, que implican con frecuencia la disolución de las barreras personales que podrían dificultar la creación de fuertes vínculos entre los amantes. Aunque se trate de un periodo transitorio, la época del enamoramiento crea unas condiciones relacionales en las que fácilmente se asientan las bases para una futura posición de dependencia o sumisión, o incluso de maltrato.

La violencia contra las mujeres en el ámbito de la pareja, dice Marta Selva (2007),

> surge de un malentendido vinculado al mismo concepto de amor. Se genera al compás de nuestra educación sentimental cuando en la adolescencia asumimos las normativas sutiles que pueblan nuestro

espacio simbólico y que nos predisponen a iniciar nuestras relaciones amorosas desde posiciones de dominio o sumisión. Cuando sin darnos cuenta acabamos encontrando natural el control de nuestra libertad en aras de la pasión y la entrega al otro. Se construye culturalmente, pero se presenta como si formara parte de la propia naturaleza del proceso de enamoramiento.

Para muchas personas supone, además, una experiencia cualitativamente distinta por la que el mundo de las relaciones amorosas va a adquirir una entidad propia, segregada del resto de experiencias vitales. Algunas de ellas, como la paciente Ana, a la que nos hemos referido antes (capítulo 1), pueden intentar evitar cuidadosamente dejarse arrastrar por la vorágine amorosa a fin de no ser destruidas por ella. Otras, como la paciente Eco (capítulo 2) escogen más bien vaciarse completamente a ciegas, como si el amor justificara poner en peligro la propia integridad o incluso el abandono de los otros ámbitos de realización personal, dando lugar a los comportamientos característicos de la *dependencia afectiva*.

La dificultad de integrar la experiencia amorosa en la vida cotidiana, de hacerla compatible con el ejercicio de las responsabilidades profesionales o familiares o con la continuación de las actividades formativas, etc., suele ser un indicador de una disociación disfuncional en la constitución de la pareja, casi siempre presente, como queda dicho, en las relaciones de dependencia afectiva o de maltrato.

Muchas mujeres, aunque no exclusivamente ellas, interpretan el amor como entrega total y se dejan llevar por la iniciativa del amante, al igual que se dejan invitar a un restaurante de lujo sin preguntar el lugar ni el precio. Dejarse sorprender, abandonarse en brazos del amado, son experiencias imaginadas como de un alto contenido erótico. Se trata, a veces, de personas con una gran capacidad de gestión tanto en la vida cotidiana como en la profesional, pero que se vuelven torpes o nulas o se hacen las «tontas» cuando está de por medio el amor. La experiencia de ser deseadas las convierte en objetos carentes de valor, voluntad o estima propias, siendo esta reflejo de la ajena. Dejan de ser sujetos autónomos para convertirse en marionetas movidas por hilos más o menos visibles, totalmente dependientes de quien los maneja. Se convierten en auténticas «selenitas» (habitantes de la luna), carentes de luz propia, cuyo brillo es puro reflejo del sol.

La diva de la ópera

Un caso paradigmático de estas vicisitudes amorosas, marcadas por la dependencia y el maltrato, lo constituye la pareja formada por Maria Callas y Aristóteles Onassis, a la que nos hemos referido en obras anteriores (Villegas, 2022b), al hablar del narcisismo plutocrático. De origen humilde, hija de padres griegos emigrados a Estados Unidos, aunque formada en el conservatorio de la ópera de Atenas, Maria Kalageropoulos (1923-1977), conocida en el mundo de la ópera como Maria Callas, llegó a convertirse en la diva del *bel canto* durante más de una década, entre los años 1950 y 1965. En un diálogo terapéutico imaginario (Villegas, 2022a) *post mortem,* confeccionado a partir de escritos personales y de sus allegados más próximos, explica así su experiencia:

> Maria Callas: *Mi ideal era la ópera total… Hasta que la voz empezó a abandonarme o fui más bien yo quien abandonó la voz…*
> Terapeuta: *¿Y qué fue de tu ideal?*
> M.C.: *Fracasó. Al convertirme en la amante del magnate Aristóteles Onassis, terminé abandonando el* bel canto. *Y me pregunto cuál fue mi error.*
> T.: *¿Hubo un error?*
> M.C.: *Sí, un error. De mi herencia griega podría recurrir como explicación al destino, ver mi vida como una tragedia. Pero tengo la impresión de que mi destino lo escogí yo. Y todo por un amor malentendido. Primero perdí la voz, después la figura, y al final también a Onassis. Traicioné mi ideal al irme con él.*
> T.: *¿Pero qué pinta aquí Aristóteles Onassis?*
> M.C.: *Por mucho que se llamara Aristóteles, era un inculto acabado. No le gustaba la ópera en absoluto y se enorgullecía de ello.*

T.: *Y esto, ¿cómo lo ligas con la traición a tu ideal?*

M.C.: *Que al juntarme con este potentado armador y magnate de las petroleras, renunciaba a mi ideal. Le entregaba mi vida, mi cuerpo, mi voz. Por él dejé de cantar; no le gustaba que ensayara en casa.*

T.: *Cambiaste el amor casi espiritual del* bel canto *por un amor hedonista, terrenal.*

M.C.: *Sí, es esta la traición y lo peor es que no me sirvió de nada, porque el hombre más rico del mundo acabó por abandonarme a mí, también por otra mujer, Jacqueline, la viuda de John F. Kennedy. Yo ya no aportaba nada a sus negocios. Me ninguneaba y me despreciaba continuamente.*

T.: *¿Y cómo es que te enamoraste de este hombre?*

M.C.: *Yo venía de una familia de emigrantes, sin recursos económicos. Mi familia, y yo misma, tuvimos que trabajar muy duro para seguir adelante. Onassis me deslumbró con su riqueza.*

T.: *O sea que tú venías de una carrera por el reconocimiento meritocrático y él te ofrecía entrar en el mundo del glamour, plutocrático, de dinero, fiestas y placeres, por la puerta principal.*

M.C.: *Aquí es donde yo me traicioné. Me relajé; dejé de exigirme a mí misma, de mantener la tensión que me había llevado desde los 15 años a trabajar incansablemente por conseguir el dominio y la perfección en el* bel canto.

T.: *Trabajabas tu instrumento, la voz.*

M.C.: *Exacto. Y fue de este instrumento del que se enamoró mi primer marido, Giovanni Battista Meneghini, que fue mi pareja y mi manager durante diez años… Con él estaba bien, plena, serena, centrada en mi carrera.*

T.: *Pues, si os amabais tanto, ¿cómo es que lo dejasteis? Debió ser un golpe muy duro para tu marido.*

M.C.: *En efecto. Lo pasó muy mal. Y, refiriéndose a mí, escribió en sus memorias: «Prefirió dejarme para unirse al fascinante tren de vida de Onassis antes que seguir ligada a un hombre como yo, hecho a la antigua y viejo. Quería abrazar la vida, sentirla en su piel, pero esta fue su ruina».*

T.: *¿Y tú consideras justa esta reflexión de tu marido?*

M.C.: *Tiene toda la razón. Esta relación arruinó mi carrera. Quise probar el amor de un sátiro rico, seductor, hombre de éxito y poder casi ilimitado, y acabé siendo víctima de su despotismo despectivo.*

Después del derrumbe de esta relación, todos los intentos de volver a los escenarios fracasaron. Maria Callas terminó por retirarse a su apartamento en París, donde se dejó morir, el 16 de setiembre de 1977, a los 53 años. Sus restos fueron dispersados por las aguas del mar Egeo. En la continuación del diálogo se introduce el tema del maltrato.

T.: *Primero murió Callas, y después Maria. Tu vida operística fue intensa y exitosa, pero corta.*
M.C.: *Apenas duró quince años de gloria, en los que llegué a dominar el instrumento más difícil y delicado de todos, la voz humana. Me sentía muy feliz y me consideraba una privilegiada de poder ofrecerlo al público. Pero todo esto se fue al garete, al poner mi vida y mi voz en manos «de un borracho brutal»… ¿Cómo es posible que un amor tan intenso te acabe destruyendo?*
T.: *Porque no es amor, es maltrato. Con frecuencia se confunde el amor con la pasión, la posesión. Es el amor erótico. Por otra parte, tú buscaste tu esencia femenina en su deseo, y renunciaste a tu existencia, a tu carrera y a tu persona.*
M.C.: *¿Y dices que este amor es una forma de maltrato?*
T.: *Exacto. Incluso el maltrato es visto como una demostración de amor, por el hecho de que se fijan en mí, de que me tienen presente. Si yo estoy sedienta de amor, de atención a mi cuerpo, a mis deseos, a mis placeres, porque yo misma no me amo y soy incapaz de llenarme, entonces me abandono ciegamente en brazos de quien me ofrece esta atención, por mucho que me haga sufrir, con la fantasía de que así llegaré al éxtasis, aunque acabe exhausta entre sus brazos. Es como la persona que se autolesiona para sentirse viva; siente a través del dolor y a él se entrega y abandona.*
M.C.: *¿Pero cómo puedes distinguir el amor del maltrato?*
T.: *La respuesta es una pregunta: ¿te sientes bien o mal tratada, sin respeto, sin empatía, sin consideración, sin reciprocidad, con pérdida de tu*

dignidad? Sé sincera en tu respuesta, de ella depende cómo interpretarás tus sentimientos… Las relaciones de maltrato pasan por diversas fases. La primera es de seducción. La segunda, de aislamiento. La tercera, de deterioro. La cuarta, de separación. Entre medio puede haber avances y retrocesos, rupturas y reconciliaciones, promesas y engaños…

M.C.: *¡Uf! Yo las he pasado todas. Primero me sedujo de una forma abrumadora: ramos de flores, viajes, fiestas, promesas, pasión desaforada. «Me hacía sentir la reina del mundo, con su irresistible picardía… me convirtió en un animal domesticado… No me amaba a mí, sino lo que yo representaba».*

T.: *Después te fue aislando cada vez más. En primer lugar de tu marido, después de tu ambiente musical, hasta que te llevó con él, siempre dentro de su mundo, nunca dentro del tuyo.*

M.C.: *Por él abandoné una carrera increíble. Esperaba encontrar un hombre que me aceptara por lo que yo era, pero no… ¿Y cuál era la tercera fase del maltrato?*

T.: *El deterioro. Una vez agotado el jugo que el vampiro ha podido extraer de su víctima, solo queda la cascarilla. Entonces inicia el deterioro. El aislamiento se convierte en confinamiento, empieza la manipulación de la realidad, se intensifica la invalidación de tu mundo de valores o intereses, de tus percepciones y razonamientos, se insinúan dudas sobre tus capacidades, se utilizan las crisis emocionales como prueba de debilidad mental, aumentan los desprecios y las faltas de respeto, las humillaciones en público, las vejaciones, hasta el sometimiento total.*

M.C.: *La cuarta ya se ve venir, el abandono… Él me dejó por Jacqueline.*

T.: *Más bien te hizo un favor, echándote de su vida. Ya no le eras útil.*

M.C.: *Lástima que no lo supe ver y no lo supe aprovechar. Yo todavía estaba enamorada de él y fui languideciendo hasta la muerte entre el despecho y la quimera de un amor imposible.*

T.: *Imposible y destructivo.*

El maltrato psicológico, compuesto de invalidación, aislamiento y desprecio es mucho más frecuente de lo que se reconoce habitualmente. Y aunque no es tan llamativo como el físico, no por ello es menos destructivo, por cuanto este último resulta fácilmente identificable, mientras que el primero suele ser más sutil y menos visible a primera vista, ni siquiera para quien es objeto del mismo.

El caso de Maria Callas lo demuestra claramente. Con frecuencia sus efectos no se ven sino a muy largo plazo. El encuentro amoroso entre Callas y Onassis se produce en el año 1959 y se acaba abruptamente 9 años después, en 1968, cuando fue sustituida por Jacqueline Kennedy. Durante este período se reproduce el recorrido sistemático de las fases del maltrato psicológico a que nos hemos referido en el diálogo imaginario con Maria Callas. Entre medio puede haber avances y retrocesos, rupturas y reconciliaciones, promesas y engaños sin fin.

LAS FASES DEL MALTRATO

Para sistematizar las fases del maltrato que han aparecido hasta ahora podemos resumirlas en las siguientes: 1) seducción; 2) aislamiento; 3) deterioro; 4) separación. Estas suelen seguir una serie de oscilaciones entre avances y retrocesos que pueden tomar varios años, hasta que consiguen romper el círculo. Es frecuente que la serie de los cuatro primeros pasos de la seducción (1) a la separación (4) y vuelta a empezar (reconciliación) con un nuevo despliegue seductor se repita de manera continuada hasta el momento «glorioso» en que la persona atrapada en esta relación de dependencia logra salirse de ella.

1. Fase de seducción. Con ella suele empezar la pareja y en su contexto se forma la dependencia: la relación se vive como exclusiva. Se entiende la relación como fusión sin permitir la identidad diferenciada de sus miembros o, particularmente, de uno de ellos.
2. Fase de aislamiento. Provoca el aislamiento progresivo del entorno exterior e intento de dominio absoluto por parte de la persona dominante. Para ello exige romper con las relaciones anteriores, los recuerdos y las amistades habituales, como si se fuera cerrando un círculo sectario.

3. Fase de deterioro. A fin de asegurarse el sometimiento de la víctima escogida, el verdugo la va anulando progresiva y sistemáticamente. Las invalidaciones del maltratador llevan a la persona maltratada a considerarse inferior y a no poder ser amada por nadie más. Por ello aguanta en una relación que no le produce bienestar, con la intención de evitar la soledad.

4. Fase de separación. Puede haber muchos momentos en los que la persona dominada piense en separarse, aunque a veces se queden en intentos fallidos por miedo a las represalias o a quedarse sola o a no poder funcionar por sí misma. La mujer maltratada vive más en función del otro que de sí misma e intenta comprender el porqué del funcionamiento de su pareja siempre a la espera de un posible cambio y, con frecuencia, atribuyéndose la culpa o el merecimiento del maltrato.

5. Fase de reconciliación. La expectativa del cambio lleva a numerosos intentos de reconciliación. Estos suelen partir de una reacción del maltratador a los intentos de separación donde se muestra particularmente agradable y predispuesto a pedir perdón o a cambiar (jurando y prometiendo que no volverá a pasar). Ellas intentan justificarlos atribuyendo su maltrato al carácter, a que pasa una mala temporada, al consumo de alcohol o drogas, o pueden llegar incluso a cuestionarse su propia percepción de lo que sucede.

6. Fase de liberación. Para llegar a liberarse de una relación de dependencia primero es necesario legitimarse como persona en sí misma, escuchar la propia voz, dejando de ser eco de la voz del amo. Creer en los propios derechos, dejar de vivir en función del otro, dejar de pensar en lo que quiere el otro para pasar a pensar en lo que quiero o necesito yo. A partir de ahí la persona maltratada puede dejar de sentirse atrapada en la relación tanto desde el punto de vista físico como emocional.

7. Fase de reconstrucción. La persona, después de liberarse de la relación de dependencia, sumisión y maltrato, crea su propia identidad haciendo caso a sus propios deseos y necesidades, planteándose un proyecto de vida por sí misma. Eso implica un proceso interior largo y duro para poder llegar a la autonomía. Supone hacerse cargo de una pérdida, pero a la vez es una liberación.

Con frecuencia estas fases y su consecuente desembocadura solo pueden verse *a posteriori*, cuando ya han producido daños irreparables o muy difíciles de reparar. El caso de la paciente a la que hemos llamado Heidi es particularmente representativo de este recorrido tormentoso de abuso y maltrato que inicia ya en la infancia por parte del padre y se proyecta luego en las relaciones de pareja de forma paradójica, tanto a través del dominio como del cuidado excesivo.

De niña a mujer

Heidi, nombre metafórico aplicado a una paciente de 54 años, a la que hemos dedicado otros escritos (Villegas, 2017, Villegas y Mallor, 2017), acude a un grupo de terapia con un cuadro de sintomatología compleja, caracterizada por reacción depresiva, agorafobia y diversas formas de somatización, que en el periodo inicial de la terapia van agravándose con nuevos síntomas (fibromialgia, síndrome de hipersensibilidad química múltiple, etc.), y con la sensación subjetiva «de tener un cuerpo que la lastra, a pesar de tener la mente clara a veces, y confusa otras».

Originaria del norte de la península, Heidi es la mayor de dos hermanos, ella y Paco, catorce meses menor. Al poco tiempo, cuando Heidi tenía apenas tres años, el padre emigró a Suiza por motivos políticos y laborales, y posteriormente se le unió la madre, dejando a sus dos hijos con los abuelos maternos. Como Heidi en las montañas, creció en un medio natural durante los primeros años de su infancia.

Más tarde, la historia se torció. Heidi tuvo que dejar su refugio en la montaña para ir a vivir a una ciudad en el extranjero con sus padres, quienes tenían que continuar, o mejor dicho, reemprender tras haberla abandonado, la tarea de fundamentar su existencia. En lugar de eso pervirtieron su misión, abusando sexualmente de ella. En relación a esta experiencia comentará más tarde en terapia:

Pero sobre todo porque te arrancan de un sitio donde todo era idílico…
Porque cuando era pequeña, cuando estaba en el pueblo, era todo muy
bucólico… Y bueno, que me llevaran allí, pues, fue terrible, fue extra-
ño. Creo que dentro de su ignorancia ellos intentaron formar una fami-
lia, los cuatro, pero no supieron hacerlo, porque era desde la autoridad.

Durante la convivencia familiar en Suiza se produjeron los abusos
sexuales por parte del padre. Esta situación se prolongó durante años
hasta que, al llegar a la pubertad, la situación se hizo insostenible.

Estos ataques fueron continuos durante dos años, yo no gritaba hacia
fuera, aceptaba la sumisión como un acto donde él también me hacía
sentir importante, cómplice muda, era su preferida… No había otra al-
ternativa para mí, formaba parte del momento… Mi madre, cansada de
encontrar la cama revuelta, cada vez que regresaba a casa, cargada con
la compra del mercado, negoció con mi padre lo que sería mejor para mí.

Así fue como esos padres abandonistas, abusivos y dimisionarios de-
cidieron devolverla con 12 años a su tierra natal e internarla en un
colegio, delegando, de nuevo, la educación de la niña en manos ajenas.

Permaneció en el internado hasta la mayoría de edad, momento
en que deliberadamente quedó embarazada para «huir» de aquella
angustiosa situación con su novio, y luego marido, Antonio y, una
vez más, otro elemento maltratador en su vida. Tuvo con él dos hijos,
Rosa, actualmente de 29 años, casada y con un hijo de 2 años (su
nieto) y Ramón, de 19 años (discapacitado psíquico). Diecisiete años
después se separaron, quedándose ella con la custodia de los hijos.

Profesionalmente llegó a ser responsable de cocina, hasta que la
fibromialgia ya no le permitió seguir trabajando, obteniendo más
de un 75% de invalidez. Su actividad principal, en la actualidad, es
cuidar de su hijo Ramón, quien se desenvuelve razonablemente bien
en el mercado laboral adaptado. Pero dejemos que sea Heidi quien
recomponga con sus propias palabras su historia de dependencia en
la relación con su primera pareja:

T.: *¿Y luego, cuando saliste del internado?*

H.: *Al salir del colegio te encuentras sola; estaba en un piso compartido. Me sentía, pues, algo especial, Tener, dijéramos, mi vida. No la sabía administrar tampoco, porque nadie me había enseñado, Tampoco tenía referencias. Y era, bueno, diversión total. Y, pues, con el primer chico que salí, me quede embarazada de mi hija, con 19 años.*

T.: *¿Tú eras feliz en aquella época?*

H.: *Sentía que tenía algo mío que nunca había tenido, mi hija, y eso me hacía muy feliz.*

La historia de su matrimonio empezó, sin embargo, a torcerse desde casi el primer momento, terminando en separación al cabo de unos años:

T.: *¿Y cómo iba la relación con tu marido?*

H.: *Mal; ya al empezar a vivir juntos, ya la primera noche fue diferente. Era una máscara lo que tenía, se quitó la máscara…*

T.: *¿Y cómo lo notaste, qué veías en él?*

H.: *Hechos y acciones. Violencia psíquica… Aquí mando yo y aquí soy yo, y aquí ordeno yo.*

T.: *¿Y no habías notado nada de estos rasgos antes?*

H.: *No, yo estaba ensimismada. ¿Qué puedes ver de malo? No sé, nada…*

T.: *Estabas… Me voy a inventar una palabra, estabas «enelmismada»…*

H.: *Sí, «enelmismada», estaba enamorada. Él me quería para él y lo consiguió y cuando me tuvo… Es como cuando quieres conseguir algo y luego ya lo dejas allí, ya está, ya lo tienes.*

T.: *¿De quién te aisló o de qué te aisló?*

H.: *Pues de todo y de todos. Por parte de su padre, la mayoría de la familia vive en Colombia y nos fuimos a Colombia con la niña. Allí estuvimos 10 años, lo pasé fatal, lo pasé muy mal, porque luego, al cabo de los años y todo esto, me di cuenta que se fue allí porque él estaba realmente enamorado de una prima suya, que vivía allí y esa historia continuó en paralelo.*

Esta dinámica relacional llevó con el tiempo, después de diecisiete años de matrimonio y de la aparición de una tercera persona, a la separación de la pareja. Sin embargo la separación no modificó las cosas sino que acentuó el maltrato tanto físico a través del hijo, como, sobre todo, psicológico:

T.: *¿Pero cuándo te separaste de tu marido?*
H.: *Ya hará dieciocho años. Aunque bueno, separarnos, separarnos... Pues no; psicológicamente yo seguí muy unida a él hasta hace poco, porque me seguía manipulando.*
T.: *¿Cómo era el maltrato psicológico?*
H.: *Silencioso, de ese que nadie se podía enterar. Sabía hacerlo muy bien, sin que se notara. Y, últimamente, a través de mi hijo. De que lo maltrataba a él no me di cuenta hasta hace tres años. Le pegaba, lo manipulaba en mi contra. Y qué se le puede hacer a un hijo que tiene la mentalidad de 7 u 8 años, aunque haya cumplido los 20...*
T.: *¿Pero de qué forma te controlaba?*
H.: *Bueno, pues manipulaciones, improperios y te dice: «no te sientes así o suéltate el pelo, porque hoy lo debes llevar suelto; abróchate ese botón porque...». Yo actuaba para una persona, no era yo, era lo que esa persona quería que fuera, para que no hubiera maltrato. Pero siempre había un defecto, siempre había algo que criticar. Entras en esa dinámica y luego ya no sabes salir. Y así diecinueve años juntos. Y luego, separados, siguió maltratándome, unos cinco años más... Es que no te das cuenta del maltrato psicológico. Eres tú quien te metes en esa rueda. Imagínate una telaraña, la araña está esperando ahí que caigan las mosquitas, para poder cazarlas, y caes ahí y...*
T.: (interpretando su gesto de balanceo con los brazos) *Y te meces.*
H: *Dices «¡qué cómodo!». Pero no te puedes despegar y sientes un peso aquí* (se señala en la nuca), *es un peso psíquico que luego se va convirtiendo en físico. Parte de lo que me pasa mayormente es producto de todo esto.*
T.: *¿Y tú cuánto tiempo empleaste para darte cuenta del maltrato?*
H.: *¡Uf! A ver, a reconocerlo... Porque que estás siendo maltratada lo sabes, no eres una persona normal, pasas a ser una persona dependiente*

de alguien. Entonces darte cuenta de que es un maltrato, hasta que no te lo hacen ver, porque no te lo crees, porque al ser dependiente no te ves como una víctima. Ves que dependes de esa persona, que no sirves para nada y que necesitas a esa persona para todo y que diga la última palabra para poder actuar. Y llegar a ese punto es muy difícil, porque es reconocer que has entregado tu vida a alguien y estás perdida totalmente.

Heidi explica la aparición del maltrato en la relación de pareja en función de la fuerte dependencia que desarrolló hacia Antonio, el primer marido, a causa de su falta de referentes internos.

T.: *¿Y cómo es que has mantenido este tipo de relación durante tanto tiempo?*
H.: *Era la dependencia. Tenía una dependencia muy fuerte de él, a nivel afectivo; económico, no. Por qué yo siempre he trabajado, siempre me he defendido muy bien a nivel económico. No tenía esa necesidad.*
T.: *¿Y de qué tenías necesidad de él?*
H.: *Pues es algo inexplicable cuando dependes de alguien emocionalmente... Son muchos factores: vas arrastrando muchas cosas. En mi caso era la inseguridad con la que crecí, tener un padre tan autoritario que era la persona a la que había que obedecer. Era un maltratador, era el patrón que tenía. También mi padre o mi exmarido venían de padres autoritarios. No es que quiera justificarlos, pero sí, cuando una persona es así tiene un problema de fondo, si no ¿cómo puedes actuar de esa manera? Las personas no nacemos malas... ¿Entonces qué buscas? Pues buscas ese patrón, que te lleve, porque si no, estás perdida. Yo crecí con él, me hice con él, era como su perrito.*
T.: *Ya, la voz de su amo... Vivías a través de él... ¿Tú sabías lo que querías y lo que no querías?*
H.: *No, no lo sabía. Yo era muy inestable. Bueno, yo iba en función de él, quizás también era cómodo. Aparte, él era el que decidía todo. En ese sentido nunca lo había pensado, a lo mejor también por comodidad. Claro, ahora empiezo a ver las cosas desde otro punto de vista.*
T.: *Puede ser una comodidad que viene del hecho de que, al no desarrollar un criterio propio, se toma uno prestado...*

H.: *Eso, porque no sabes valerte por ti misma, es tal la inseguridad que no sabes valerte por ti misma.*

T.: *¿O piensas que no sabes?*

H.: *Sí, piensas que no sabes, es lo que piensas en ese momento; es válido, y aparte es cómodo. No es que quiera justificar a la otra persona, no hay justificación, lo que quiero decir es que es cómodo y te dejas llevar y llegas a esa situación. Claro que si esa persona es maltratadora, pues se aprovecha, porque algo a cambio tiene que tener: la superioridad. Lo ves superior y a ti inferior y te entregas totalmente. Pero luego te das cuenta de que es fácil que otra persona lleve tu vida, piense por ti, decida por ti, lo haga todo por ti. Siempre lo he dicho: he sido niña, madre y luego mujer. Aprendí a ser mujer hace muy poco. No sabía serlo.*

A través de esta relación, Heidi esperaba compensar sus déficits de autoestima, pero lo que consiguió fue aumentar la dependencia y someterse al maltrato.

T.: *Y ahora que puedes saber cómo fue la historia, ¿qué has aprendido de ella?*

H.: *Pues he aprendido que aunque estés con una persona, él tiene su vida y tú, la tuya. Y el respeto y no perder la dignidad y no ceder un día porque entonces vas a ceder otro y la cosa irá a más, porque el maltratador se alimenta de eso. Si tú crees en ti misma y estás bien contigo misma, te das cuenta de si esa persona es maltratadora o quiere más de ti o te quiere utilizar porque no te quiere. Tienes que aprender quién te quiere y quién no, y si esa persona te va a utilizar es que te quiere para sus propios intereses. Y bueno, he aprendido que el respeto es fundamental y nunca, nunca dar o entregarte ciegamente.*

¿Machismo o maltrato?

En cualquier caso, como se ha ido viendo a lo largo de estas páginas, la comprensión de la *naturaleza de la relación* es fundamental para entender por qué las personas quedan enganchadas a relaciones insanas, tóxicas o de maltrato. Podemos recordar a este propósito el caso de Carina, paciente a la que hemos dedicado amplio espacio en otras publicaciones (Villegas, 2013, 2015).

No parece que Carina pueda ser calificada de personalidad dependiente, dadas sus características temperamentales y biográficas. Separada de Alejandro, el marido, a los 25 años, después de tener dos hijos con él, a los que deja al cuidado de su madre, inicia una vida de subsistencia independiente trabajando de manera itinerante en el ámbito de la hostelería, donde conoce ciertamente a muchos hombres, pero con ninguno de los cuales llega a establecer una relación permanente. Para ella, la única relación de su vida es la del exmarido (por separado y por difunto) a quien no solamente perdonó, sino que acogió en su casa, ocho años después de estar separados, echando a perder la única relación satisfactoria que hasta entonces había conseguido establecer con otro hombre.

CARINA: *Bueno, yo con mi marido lo pasé mal, porque yo estaba súper enamorada de él y él se fue con otras mujeres. No me llegó a pegar nunca, pero sí me anulaba como persona, porque yo no era nada sin él. Y si yo quería hacer algo tenía siempre que preguntárselo a él. No podía hacer nada que él no quisiera que yo hiciera. No podía hablar con sus amigos sin estar él presente, y no me podía ir donde me diera la gana sin su consentimiento, y «no te pongas esa blusa con el botón este abierto, eres mía, ¿no?». Y claro, detalles así, y no te das cuenta y empiezas a estar triste cuando yo siempre he sido alegre.*
T.: *Bueno, es que él es un maltratador.*
C.: *Era muy machista.*
T.: *Eso era un maltrato psicológico, porque te estaba anulando como persona, te estaba diciendo lo que tienes que hacer, eres mía, te poseo, y como eres mía pues te manejo como yo quiero.*
C.: *Sí, lo que en ese momento ni siquiera lo piensas, lo piensas ahora. La verdad es que no me lo había planteado así realmente.*
T.: *Ya, pero te dabas cuenta de que te anulaba, eso lo percibías...*
C.: *Sí, sí, sí. Yo me sentía como ahogada, asfixiada porque no era capaz de hacer nada, de hablar siquiera, de expresarme como yo era, anulaba*

mi identidad. Y entonces yo sabía que ya no... Era consciente de que él no iba a cambiar. Porque al principio crees que puede cambiar. Ese es el fallo. Pero cuando te das cuenta de que él no va a cambiar y de que te está limitando totalmente la vida, de cómo eres tú... Es cuando ya dices «basta».

T.: *¿No podías ser tú?*

C.: *No, no podía ser yo. En absoluto. Lo conocí con 18 años, me quedé embarazada con 19, me casé con 20 y me separé a los 25, o sea que fueron siete años muy agitados. Entre medio tuvimos dos hijos... Sin embargo, lo quería tanto que yo me iba a refugiar a casa de mi madre con mis niños y a los tres días él venía a buscarme y yo volvía con él. Yo me pasé cinco años yendo y viniendo de casa de mi madre. Fue mi madre la que me dijo que lo dejara ya definitivamente, que me estaba destrozando, que era un cáncer para mí. Y me costó muchísimo... Pero bueno, cuando lo dejé, lo dejé con todo el dolor de mi corazón y me costó muchísimo olvidarlo, muchísimo.*

T.: *¿Y pensabas que tú tenías que cambiar en algo, mientras estabas con él; que tenías que hacer algo para que la relación fuera bien; o que era tu culpa que él se pusiera nervioso, que se enfadase?*

C.: *No, no lo he pensado muy así la verdad. Pero siempre tenía que ser lo que él quería, para no molestarlo o para estar bien con él. Primero empezó porque iba a fumarse unos porros, entonces soy yo la que me metí a fumar porros... Y de ahí, a todo lo demás, para que no me dejara al margen... Tonta de mí.*

Del maltrato psicológico al maltrato físico

Los casos descritos hasta aquí muestran una amplia variedad de formas de maltrato de la mujer en las relaciones de dependencia, que, de acuerdo con Amenábar (2014), se podrían sintetizar en estas cuatro:

1. Maltrato psicológico. Ataque dirigido a minar la confianza y autoestima de la mujer, tratando de hacerla completamente vulnerable y dependiente psicológicamente de los mandatos del hombre. Mediante actitudes, palabras y gestos el hombre denigra y humilla a la mujer.

2. Maltrato físico. Ataque que repercute en la integridad física o corporal de la mujer, adoptándose para ello acciones diversas: empujones, patadas, bofetadas, puñetazos, pinchazos, cortes, intentos de estrangulamiento, etc.

3. Aislamiento. Ir apartando progresivamente a la mujer de las actividades propias de su vida social (familia, amistades, trabajo, aficiones), de tal manera que la vida de pareja gire exclusivamente en torno a las actividades del hombre. El hombre, a través de prohibiciones, va limitando cada vez más la libertad de movimientos de su mujer, supervisando y controlando prácticamente todo lo que hace.

4. Abuso sexual. Obligar a la mujer a mantener relaciones sexuales cuando no lo desea o a realizar actividades sexuales que le resultan indecentes y degradantes.

Aunque el más frecuente sea el maltrato psicológico, el físico es sin duda el más fácil de reconocer por parte de las víctimas. La propia Carina, que no supo en su momento reconocer el maltrato psicológico por parte de Alejandro, su exmarido, no tuvo dificultad en identificar el físico más adelante en otra de sus múltiples relaciones:

C.: *Luego tuve otra experiencia, no hace tantos años: me enrollé con un tío que rápidamente se vino a vivir a mi casa, casi sin darme cuenta. Y cuando me quise dar cuenta, apenas al año, fui yo quien tuvo que marchar de casa, porque me amenazó de muerte... Y eso fue muy gordo, porque estuve mucho tiempo sin poder caminar sin miedo por la calle. Tuve una época terrorífica, iba siempre mirando atrás y asustada.*

T.: *¿Y no lo denunciaste?*

C.: *Sí, sí lo denuncié; pero bueno, es igual. No sirve para nada. Yo ya lo denuncié, no podía estar a cien metros de mí, pero estaba esperándome en la puerta del trabajo. Perdí trabajos y perdí montones de cosas porque él me perseguía, me montaba follones en los restaurantes donde yo trabajaba y tenía que dejarlos.*

T.: *Y ese tipo de relación que establecía contigo estaba dentro de un intento de...*

C.: *De que no me fuera; porque yo me quería ir y él no quería dejarme ir. Yo me quería marchar y él me paró en la puerta, me cogió, me tiró y me arrancó la ropa, empezó a forcejear conmigo, cogió un cuchillo y me lo puso aquí delante diciéndome «¡que te mato, que no te vas!».*

T.: *Era una relación de dominio. ¿Siempre lo había sido?...*

C.: *No, al principio era súper amable, pero después se giró y cambió totalmente y claro, yo me acojoné, porque yo no había vivido experiencias así tampoco.*

T.: *Pero tú, cuando decidiste irte, ¿era porque él antes había tenido conductas agresivas?*

C.: *Claro, tuvimos un montón de peleas hasta que llegó esa y yo hablé con mis hermanos a ver si me podían ayudar a echarlo de casa... Y qué va, ninguno: «es problema tuyo, es problema tuyo...».*

T.: *¿Y qué crees que has aprendido de todo esto?*

C.: *Bueno, aprendes algo. Pero, claro, a veces conoces a alguien que te parece súper encantador y luego cambia, ¿entiendes? Es fachada. Y a veces no te das cuenta.*

T.: *Claro, pues puedes aprender, por ejemplo, a no fiarte de las primeras impresiones y a ver cómo es esta persona, a conocerla más. Bueno, me doy un tiempo para conocerlo, no me puedo enamorar y fascinar y llevármelo a casa a continuación. Porque el enamoramiento es muy rápido y muy bonito, pero luego te enfrentas con la realidad, que puede ser totalmente diferente.*

C.: *Sí, no me ha vuelto a pasar. Me han pasado otras cosas pero esta no.*

Relaciones basadas en el maltrato

Carina nos cuenta una relación de maltrato físico como un episodio único en su larga experiencia relacional, del que supo salirse a tiempo. En otras ocasiones el maltrato físico se convierte en una característica estructural de la relación. Muchos pacientes, por ejemplo, tienen recuerdos infantiles de violencia doméstica entre sus padres.

Miguel, el paciente que hemos visto en el capítulo 5, que tuvo que hacerse cargo de sus hermanos y de su madre nos cuenta:

Mi padre cogía a mi madre por los cabellos y la arrastraba en medio de la calle, le pegaba con el cinturón, no soportaba verla borracha... Y ella bebía porque mi padre iba con otras mujeres.

Y sin embargo ella estuvo en esta relación hasta la muerte:

Tal vez no lo acepto, pero puedo entender el comportamiento de mi madre cuando bebía: tres hijos en casa, un marido ausente que la engañaba, era débil de carácter; durante treinta o cuarenta años estuvo obligada a hacer de viuda blanca, y mi padre que se iba con mujeres.

El primer beso

Otras pacientes nos cuentan en primera persona la experiencia del maltrato físico que han soportado por no verse a sí mismas separadas de sus parejas. Teresa, hija única, peruana de nacimiento, creció en una familia con un padre ausente por trabajo y una madre que vive de fiesta y alcoholizada, donde no faltaba el dinero, pero sí el afecto. En la actualidad tiene 53 años, está casada y es madre de dos hijos de 29 y 30 años. Ya a los 14, conoció al que sería su actual pareja:

Fernando, que siempre me decía que yo no sabía patinar bien y que él me iba a enseñar... Yo ya lo había visto por el barrio pero nunca le había hablado, porque él es unos seis años mayor que yo.

En la fiesta de 15 años, Teresa llevó a Fernando a que conociera a su familia y oficializaron la relación. A los veintiuno, con la mayoría de edad, Teresa tomó la decisión de casarse con Fernando, ya que fue la única alternativa que encontró para salir de su casa y sentirse importante y querida. Desde los primeros años de convivencia el esposo consumía alcohol constantemente, empezó a quedarse a dormir fuera de casa, fue entonces cuando iniciaron los problemas en la pareja:

> *Al principio no me sentía preocupada por esa situación, pero luego empezó a volverse muy frecuente, y encima llegaba muy violento. Una noche, sacó una pistola vieja que tenía porque yo no accedía a lo que él me pedía. Esa noche yo me asusté mucho y me fui a la casa de mis papás.*

Luego él consiguió convencerla de volver y, al poco, la dejó embarazada:

> *Cuando mi embarazo ya estaba adelantado, fue la primera vez que me pegó. Llegó a casa borracho y como endemoniado, sin motivo me dijo que yo era una perra y que me fuera de casa, que le habían dicho que yo estaba en no sé qué bar con otro hombre. Luego me dio un golpe en el oído, me puse a llorar desconsolada. Me quedé pasmada porque estaba tan enojado que me dio miedo que me diera más golpes y perdiera a mi bebé. En ese momento me sentí muy triste, porque no entendía qué había hecho yo para merecer este trato. Me sentí desilusionada de pensar que ese hombre que estaba a mi lado ya no era el mismo del que yo me había enamorado. Se me cayó del pedestal en el que lo tenía.*

Este patrón de conductas se intensificó con el paso de los años. Estos comportamientos se hicieron cíclicos: él la maltrataba, pedía perdón, ella lo perdonaba y esto se mantenía en el tiempo. La misma situación de maltrato se repitió con motivo del embarazo, un año más tarde, del segundo hijo:

> *Yo acabé acostumbrándome a esta situación y no me fui de la casa porque no me veía capaz de salir adelante con dos hijos, sola y menos sin estudios universitarios ni experiencia laboral.*

Esta simbiosis y dinámica de la pareja consolidó una dependencia afectiva, económica y social. La situación empeoró con el crecimiento de los hijos porque intervenían defendiendo a su madre frente al padre.

A veces pienso por qué aguanto esto, si esta no es la vida que yo soñé.
Yo solo quería ser feliz, tener un hombre que me amara, me respetara y
fuéramos una linda familia.

En lugar de esto ha sido víctima de repetidas violaciones y abusos
que nunca denunció por vergüenza:

Todo esto es culpa mía porque no debí permitirle tantas cosas y hace
tiempo tenía que haberme ido.

ABUSO SEXUAL

Al maltrato psicológico y físico cabe añadir en ocasiones, generalmente de modo concomitante, abusos, agresiones o violaciones
sexuales. Es poco frecuente que estas se den fuera de un contexto
de maltrato general, pero a veces adquieren un relieve especial en la
dinámica relacional de una pareja.

Terremoto doméstico

Natalia, mujer de unos 50 años, madre de tres hijos mayores de edad,
experimenta de manera muy dramática, a veces incluso durante la sesión de terapia grupal, los síntomas de la crisis de ansiedad. Se queja
de horribles sensaciones que le ocurren en la cocina: las paredes se le
caen encima, el suelo se mueve bajo sus pies, como si se tratara de un
terremoto doméstico. Han pasado más de veinte años desde el inicio
de estos síntomas y la paciente nunca habría ido a terapia si una amiga suya no la hubiese traído. Reconstruyendo el contexto existencial
en el que se produjo la aparición de los primeros síntomas, descubrimos una situación en la que la paciente se veía obligada a compartir la casa con unos cuñados. La razón era el traslado por motivos
laborales del marido a otra ciudad, lo que implicaba un cambio de
residencia con fuerte restricción de su libertad.

En esa época la paciente era una madre joven y no podía utilizar ni siquiera la lavadora para lavar los pañales de los niños porque «no estaba en su casa». Podía entrar en la cocina solo en los momentos en los que la cuñada se ausentaba. En esa época nunca percibió el apoyo del marido en sus propias mínimas demandas de autonomía. Pero tampoco ahora se siente libre ni apoyada por él. A lo largo de la terapia aparece con claridad la sensación de sentirse atrapada en las relaciones.

En la actualidad Natalia se siente obligada o, mejor dicho, violada sexualmente por el marido, pero no consigue expresarlo nunca claramente por miedo a la separación y a las consecuencias sobre sus hijos. Esta situación se hace evidente una semana en la que la paciente se muestra feliz y asintomática: el marido ha tenido que ausentarse por razones de trabajo y ella se siente libre y fuerte. Parece que la «enfermedad» haya desaparecido. La paciente nunca había conectado antes los síntomas con el sufrimiento, la experiencia física ligada a contextos restrictivos con el atrapamiento relacional. Pero no puede separarse porque se lo impiden sus creencias y la preocupación por los hijos.

NATALIA: *Un día estaba soñando y me cogió y yo sin darme cuenta le dije «déjame, idiota» y le di en el brazo. Y empezó zarandearme en la cama, y yo le dije «pero oye, ¿qué haces? A mí no me vuelvas a pegar». Porque debía haberle dicho: «ves, el problema es que, cuando me haces daño, me callo; eso no es hacer el amor». Pero es que no soy capaz de decirle que no; no lo sé, no puedo.*

Quien calla otorga

A veces se es condescendiente con ciertas prácticas sexuales o esquemas relacionales bajo el supuesto de un pretendido consentimiento que todo lo justifica, camuflado, incluso, de erotismo, pasión o romanticismo. El supuesto consentimiento está con frecuencia condicionado a otros fines, como contentar a la pareja o no querer decepcionarla, pero no por eso es libre.

Susana, una mujer de 48 años alude como motivo de consulta un deseo sexual hipoactivo o falta de deseo en las relaciones sexuales. Rápidamente se pone de manifiesto que su manera de entender la sexualidad está en relación al servicio del marido, sin plantearse para nada sus propias necesidades o dificultades. Por eso la relación sexual acaba siendo una tortura y naturalmente su falta de deseo esconde más bien una aversión sexual fruto de estas condiciones. Su sueño es verse libre y separada, no porque quiera romper la relación sino para sentirse libre del acoso sexual. A la pregunta del milagro:

TERAPEUTA: *Imagínate que esta noche sucede una especie de milagro y mañana al despertarte te das cuenta de que tus problemas se han solucionado. ¿Qué puede haber pasado?*
SUSANA: *Pues que me habría ido de casa y viviría muy tranquila sin tener que preocuparme por complacerlo sexualmente. Mi felicidad sería completa, mi mente estaría totalmente relajada, cuando por fin dejase de estar pendiente todo el día de qué hacer para que él esté contento.*

En su caso se entremezcla una serie de atrapamientos de carácter funcional, económico y afectivo que le impiden separarse.

S.: *Pero es que no me puedo separar.*
T.: *¿Qué es lo que te lo impide?*
S.: *Tener un piso y un negocio a medias y que en el fondo todavía lo quiero.*

Por ello, hace todo lo posible y más para complacer al marido:

S.: *Hace años que no tengo deseos de hacer el amor con mi marido. Bueno, prácticamente nunca he tenido, desde que lo conocí. Él es un hombre que siempre tiene ganas y yo una persona inapetente, toda la vida. Bueno, en realidad yo podría vivir sin sexo. Ahora estoy mejor, pero he pasado épocas en mi vida en que ir a la cama era una tortura. Si él iba a la cama yo me retrasaba hasta que le oía dormir. El sexo oral me daba asco y a veces vomitaba.*

T.: *¿Y qué quieres decir? ¿Que ahora estás mejor?*

S.: *Que ahora él ya no tiene tantas ganas, porque se ha ido haciendo mayor y ya no es aquella cosa de cada noche. Está más tranquilo, pero he pasado épocas en que quería cada noche y yo pensaba «bueno, hoy cedo y mañana me dejará tranquila», pero no, no me dejaba tranquila y quería más y más.*

A pesar de todas esas concesiones Susana se siente mal porque cree que ella es la culpable del mal carácter de su marido, ya que no es capaz de satisfacerlo sexualmente. A fin de reparar la insuficiencia de sus prestaciones accede a acudir a locales de intercambio de parejas y hasta a alquilar los servicios de alguna prostituta en casa.

S.: *Hemos ido, durante cierto tiempo, a un local de estos de intercambio de parejas… La primera vez fue horrible: al entrar hay una sala oscura donde la gente baila y se toquetea. Es muy incómodo porque no sabes quién te está tocando. Él en cambio se lo pasaba muy bien. Luego se sube a la parte superior y puedes empezar a tener relaciones sexuales con tu pareja y se puede añadir otra gente o cambiar de pareja. Nosotros cambiamos de pareja: él estuvo con una chica y yo con su acompañante… Eran mucho más jóvenes que nosotros. La cosa se complicó porque esta pareja quería quedar también fuera del local, en casa, pero no podía ser porque tenemos hijos. Acudimos en otras muchas ocasiones y yo me sentía fatal. Podríamos decir… violada. Muy desagradable… Un asco, porque, si ya me gusta poco el sexo, ¡imagínate con desconocidos!*

T.: *¿Pero continuaste yendo?*

S.: *Sí. Y yo no le dije a él cómo me sentía, en realidad hacía ver que me lo pasaba bien para no aguarle la fiesta…*

T.: *¿Se lo has dicho alguna vez? ¿Él sabe que no te gusta?*

S.: *No, no se lo he dicho nunca. He conseguido con subterfugios pasar algunos años sin ir. Pero este año por su cumpleaños se lo hice como regalo y ahora cada fin de semana me pide volver, pero yo digo que no tengo ganas de salir de casa. Si le dijera que no me gusta se daría cuenta de que lo he engañado. Pero no quiero volver más. Tal vez debería decírselo, pero me da vergüenza.*

T.: *¿No quieres ir nunca más?*
S.: *No, es que me sentí fatal. Primero me sentí sorprendida: ¿qué hago yo aquí? Y sabiendo que a mí el sexo ya no me gusta mucho. Y ver el panorama, y la cara que ponía él, de mucha emoción, como alucinando.*
T.: *Y por la cara de alucinado que ponía, ¿fuiste incapaz de decir nada?*
S.: *Sí, por aquella cara y porque veía que se lo pasaba tan bien, decidí callar.*

Como hemos tenido ocasión de ver a lo largo de estos capítulos, la dependencia y el maltrato (en definitiva, las relaciones basadas en el binomio dominio-sumisión) se presentan bajo múltiples circunstancias y permean muchas relaciones de pareja, familiares e incluso de amistad. Lo que llama la atención es cómo las personas pueden llegar a permanecer en esta dinámica relacional durante años y años sin llegar a identificarla y, en su caso, modificarla rompiéndola o liberándose de ella. La respuesta a esta cuestión probablemente se halle no tanto en predisposiciones personales de quien ostenta la posición dominante o la sumisa sino sobre todo en la naturaleza de los atrapamientos, es decir, en identificar los elementos en juego característicos de esta o aquella relación en concreto, como esperamos poner de manifiesto en el capítulo que sigue.

7. Naturaleza de los atrapamientos

Imaginemos un experimento en el que se ofrece a un mono la posibilidad de conseguir un plátano depositado en el interior de una botella de cristal. El cuello de la botella es suficientemente ancho como para permitir la introducción de una mano replegada en su interior, pero suficientemente estrecho como para impedir la extracción de la mano extendida al agarrar el plátano. Naturalmente, como el mono no puede sacar la mano con el plátano por el cuello de la botella, tiene que soltarlo o renunciar a intentarlo. Soltarlo es relativamente fácil e indoloro; responde a aquel proverbio que dice: «agua que no has de beber, déjala correr»; es, seguramente, la respuesta más inteligente.

Pero imaginemos ahora, haciendo un poco de antropomorfismo, que por algún motivo fuera muy importante para el mono sacar el plátano de la botella. Que hubiera hecho una apuesta, que superar el reto fuera una demostración de su inteligencia, que se tratara de una competición... Seguramente veríamos al mono insistiendo de mil maneras en el intento de sacarlo del interior de la botella; porque lo que está en juego ahora no es la consecución del *objeto* (el plátano), sino del *objetivo* (sacarlo), lo que requiere llevar a cabo la acción adecuada para ello, lo que significa tener éxito o fracasar en el intento.

Evidentemente, le queda al mono una tercera opción, romper la botella, que trasponiendo la analogía al tema de la dependencia, equivaldría al maltrato o incluso el asesinato. Pero en este caso se consigue el objeto sin haber alcanzado el objetivo, que acaba siendo perverso, al convertir la frustración en agresión.

Cuando lo que está en juego en una relación es el objetivo y este no se consigue aunque se persiga, podemos hablar de «enganche» o «atrapamiento». Este es el que puede explicar por qué las personas persisten insistentemente en mantener relaciones de dependencia, a veces incluso con maltrato, a pesar de su alto coste en salud y bienestar personal.

A lo largo de estas páginas hemos visto a multitud de mujeres renunciar a su futuro o a su presente, abandonarlo todo en aras de una relación o entregarse ciegamente al amado para dejarse llevar por él, como si carecieran de entidad y criterio propios; supeditar su existencia al dominio y la voluntad del otro, con tal de mantener el objetivo de poseer o ser poseída por el objeto de su elección.

Y no es esta obstinada búsqueda del objetivo una característica propia o exclusiva de nuestra sociedad posmoderna. El caso de Abelardo y Eloísa, la pareja romántica del siglo XII, a la que nos hemos referido en el primer capítulo de este libro, lo muestra claramente. Para Eloísa la experiencia de un amor libre de la constricción matrimonial (a pesar de que acaban casándose para salvar el honor de él) constituye el elemento nuclear de su relación amorosa. A fin de permitir la continuidad de su amor fuera de los vínculos matrimoniales, se retiran ambos a la vida monástica para mantener la ficción de una unión fusional de sus almas, ya que resulta inviable la de sus cuerpos.

El hecho de que ninguna otra mujer haya podido compartir los placeres de la cama con Abelardo, coloca a Eloísa por encima de todas ellas: «¿Qué mujer casada o doncella, no te añoraba cuando te ausentabas y no se consumía cuando estabas presente? ¿Qué reina o poderosa dama no envidiaba mis goces y mi cama?».

Eloísa y Abelardo persiguieron y consiguieron, aunque solo fuese por un tiempo y en su imaginario, vivir su sueño fusional. Renunciando al *objeto* (el sexo) intentaron salvar el *objetivo* (el amor fusional). Para Eloísa se trataba de preservar la eternidad de este amor:

El día que tomé los hábitos, cambié mi manera de pensar, mi amor enloqueció del tal forma que se sustrajo a sí mismo el objeto de su amor sin posibilidad de recuperarlo. Y todo para demostrar que tú, Abelardo, eres el único señor de mi cuerpo y de mi alma.

A lo que Abelardo replica:

Tienes razón, Eloísa. También yo, más tarde, abracé la vida monástica. Pero fue mi deseo de apartarte de cualquier otro hombre, de asegurarme que no fueses de nadie más, el que me indujo a tomar esta decisión. Si los dos abrazábamos la vida monástica nuestro matrimonio se disolvía, al tiempo que se afirmaba, para siempre más, el amor puro, tal como era tu deseo, puesto que el carnal se había vuelto imposible.

Ambos pierden el *objeto* de su amor «sin posibilidad de recuperarlo», pero mantienen su *objetivo,* preservar el amor puro, exclusivo y fusional que los unía, aun después de la muerte. Eloísa, al morir más tarde, quiso ser enterrada en la misma tumba de Abelardo.

EL NÚCLEO ESENCIAL DE LOS ATRAPAMIENTOS

Hay muchos tipos de enganche que pueden atraparnos en una relación: la lástima, la necesidad, los propios déficits o carencias, la culpa, el deber, las obligaciones, las deudas, el orgullo, la codicia, la ambición, el narcisismo. Algunos son extrínsecos, otros intrínsecos. De los primeros podemos desprendernos simplemente soltándolos, dejándolos ir; con los segundos esto no basta. Para liberarnos se hace necesario renunciar, ya que se trata de algo nuestro que está en juego en esta relación. Los primeros obedecen a constricciones externas; los segundos a constricciones internas. En el experimento del mono y el plátano, si lo que está en juego es el plátano (objeto) es fácil soltarlo y liberar la mano de inmediato. Pero si lo que está en juego es demostrar la capacidad de la mano (objetivo narcisista), entonces solamente cabe replegarla, renunciando al objetivo, para poder liberarla.

Hasta la vista, si no es antes

El caso de Mónica es un claro exponente del enganche en el núcleo esencial de la relación (el objetivo o significado de la misma), hasta el punto de que, en el momento de hacer explícita a través de una carta la voluntad de romperla, se mantiene intacta la pretensión de conservar su posicionamiento en ella. Mujer de 49 años, separada, madre de dos hijos. De pequeña ya quería tener varios hijos. Ha tenido tres relaciones importantes. La primera era muy loca y romántica, muy infantil. Dejó la relación por el segundo. Ahora son amigos.

El segundo, al que llamaremos Joaquín, el padre de sus dos hijos, trabajaba en Madrid. Salía con su hermana pero la dejó por ella, insistiendo en que fuera a vivir con él. Ella, con 22 años, lo dejó todo por él; hizo la maleta para un fin de semana y se fue a Madrid, pero se quedó allí a causa de su insistencia. Dejó a la pareja de Barcelona de un día para otro. Dejó también un trabajo muy bien pagado. Tuvieron los hijos (él no quería, «primero vida de pareja»); pero, a los seis años de convivencia, puso ella un ultimátum. La vida cambió. Nacieron los hijos. Él no era cariñoso. Rompieron y ella volvió a Barcelona. Les une la relación parental con los hijos. Él todavía quiere retomar la relación.

La tercera pareja, Javier, venía de un matrimonio de once años y con hijos. Se conocieron a través de una amiga. Lo veía ingenuo, infantil (seguramente inmaduro). Ha estado en relación con él durante doce años. La ha maltratado y despreciado, pero ella lo excusa o lo justifica («está mal de la cabeza»). Él no quiere convivir, no quiere un proyecto en común. Está arruinado económicamente, tiene deudas (el sueldo embargado), es aficionado a juegos de azar y las mentiras. Se relacionan como amantes. La engancha el sexo. Le hace desprecios, en lugar de regalos. La engaña, le oculta cosas, no se deja cuidar. La llama cuando le conviene, pero no responde a sus llamadas.

En una de las sesiones de terapia de grupo, Mónica trae el borrador de una carta dirigida a Javier en la que le pide que deje de llamarla y molestarla, que ha entendido que su relación es insana y de maltrato. Que ha decidido romper definitivamente con él. Inicia la presentación de la carta intentando explicar al grupo el objetivo de la misma. Dice que solo ahora se ha visto con ánimos para escribirla, pues antes siempre pensaba en justificarlo, y ahora ya no, puesto que ha entendido que una conducta como la suya no tiene justificación, a no ser que esté enfermo. Entonces, sí lo podría justificar. A lo que el terapeuta replica:

T.: *¿Enfermo de qué?*
M.: *Enfermo. Que haga las cosas sin darse cuenta de que está haciendo daño a alguien. También puede ser que esté realmente enfermo, como lo de mentir, que yo creo que hasta se cree sus propias mentiras y no es consciente de hasta qué punto sus mentiras pueden llegar a hacer tanto daño.*
T.: *Y si estuviera enfermo, ¿esto cambiaría lo que tú has sufrido?*
M.: *No lo cambiaría, pero al menos lo justificaría. Me dolería menos, porque cuando una persona está enferma…*

A continuación se la invita a Mónica a leer el texto de la carta:

Hola, Javier, esta es la respuesta a tus llamadas. Podría decirte simplemente que no me volvieras a llamar nunca más, porque no quiero saber nada de ti, pero esto no sería suficiente para vaciar todo el dolor que me provoca recordar muchos momentos que pasé a tu lado. Cada vez que recuerdo tus mentiras, tus desaires, tu cinismo, tu egoísmo, tu falta de respeto, en definitiva, el daño que me has hecho, físico en alguna ocasión y psicológico casi siempre, me doy cuenta de que he sido maltratada por ti. Sé que suena muy fuerte, nunca pensé que diría esto, hasta yo misma me sorprendo.

Hasta hoy no había conseguido quitarme la venda que me impedía ver la realidad, pero hoy quiero enfrentarme a ella. Quiero decirte que ya no te necesito, que has sido una lacra para mí, que me has quitado la alegría y las ganas de vivir, que me has hecho pequeña y débil, que me has hecho dependiente de ti. Pero, por fin hoy, puedo decirte que no mereces estar conmigo y que me apena no haber sabido ver antes ese interior tuyo. A mí supiste agarrarme fuertemente, hiciste de mí una muñeca de trapo, contigo yo no he sido nadie, no tenía conciencia, no tenía voluntad. Hiciste conmigo lo que quisiste y acabaste por destrozarme.

Pero en algún momento veré una luz que nos guía y nos recuerda que hay que guardar en el corazón todo lo bueno que depara la vida y desechar todo lo malo. Por eso he decidido prescindir de ti para siempre. Son muchas las palabras que te podría decir para describir lo que he sentido contigo, pero creo que todas se podrían resumir en una: humillación.

No te deseo nada malo, Javier. Me gustaría que cambiaras y que nunca más volvieras a hacer daño a nadie. Pero quiero tener el espíritu tranquilo y la mente más serena, por lo que te pido que nunca más vuelvas a comunicarte conmigo. Yo, por mi parte, intentaré salir del pozo en el que todavía estoy metida y poco a poco poder disfrutar más de la vida.

También me gustaría que intentaras solucionar dos de tus grandes problemas. Uno es la manera compulsiva que tienes de mentir. He llegado a pensar que te llegas a creer tus propias mentiras. El otro problema es el que tienes con la adicción a los juegos de azar. Al final acabará por hundirte. Solo espero que esta carta te sirva para reflexionar sobre ti y las relaciones que estableces con los demás. Adiós.

Con posterioridad a la lectura de la carta, Mónica continúa subrayando el cambio que ha supuesto poder escribirla.

M.: *Antes no podía. Yo lo veía, pero siempre, al momento, intentaba darle un poco la vuelta para no sufrir yo, intentaba justificarlo o recordar los buenos momentos que hemos tenido, y que eso lo salva todo. Ahora es al contrario, esos momentos ya no me vienen a la mente. Consigo olvidarlos. Ha sido mucho más lo malo que lo bueno.*

T.: *¿Por qué crees que intentabas justificarlo?*

M.: *Porque sufría tanto. Yo tenía un dolor físico que te desespera, es como que algo por dentro te está consumiendo. Pues viendo quizás las cosas buenas y justificar que no lo ha hecho queriendo yo me aliviaba y continuaba y hasta la próxima. A la semana siguiente volvía a pasar lo mismo y yo reaccionaba igual. Y ahora me he mentalizado mucho para ver las cosas como son, que me ha manipulado y se ha aprovechado de mí. Lo único que justificaría eso es que está enfermo o que realmente no lo ha hecho pensando en que me hacía ese daño. Porque si no, no tiene justificación.*

T.: *Una pregunta. Si este último párrafo, en el que te refieres a sus problemas, no lo hubieras escrito, ¿cambiaría sustancialmente la carta?*
M.: *Lo pensé, que tal vez era preocuparme por él. Me gustaría que lo solucionara.*
T.: *Puedes volver a leerlo, por favor.*
M.: *«También me gustaría que intentaras solucionar dos de tus mayores problemas. Uno es la manera compulsiva que tienes de mentir. He llegado a pensar que te llegas a creer tus propias mentiras. El otro problema es el que tienes con tu adicción con los juegos de azar. Al final acabará por hundirte».*

Este último párrafo introduce una incongruencia en el texto que se puede resumir en una frase: «No quiero saber más de ti, pero me gustaría que cambiaras». El diálogo posterior se centra en aclarar el sentido de esta contradicción:

T.: *Pero, vamos a ver; reflexionemos un momento sobre esta frase: «También me gustaría que intentaras solucionar dos de tus mayores problemas».*
M.: *Yo busco que les ponga solución a sus problemas.*
T.: *¿Pero a ti qué te importa? Si, por ejemplo, dentro de dos años te llama para decirte que ya ha solucionado sus problemas: «Ya no juego, ya no miento», que es lo que tú querías, ¿qué problema hay?*
M.: *Debería darse el caso. Tal vez podríamos quedar y hablar. Una oportunidad de que si realmente está mejor… Como un amigo. Porque si realmente hay en el fondo algo que le hace actuar de una manera compulsiva, si hace las cosas sin realmente querer…*
T.: *La cuestión es justificar o no justificar. Si esta cosa compulsiva que hay en el fondo de él lo justificara, ¿qué efecto produciría en ti?*
M.: *Entonces intentaría por todos los medios conseguir que buscase ayuda, estaría a su lado para que buscara ayuda. Creo que la necesita.*

A través del diálogo aparece una actitud, muy frecuente en las relaciones de dependencia: la de asumir el rol de «salvadora», que la mantiene atrapada durante doce años. «Él me necesita, quiero protegerlo».

T.: *¿Harías de salvadora?*

M.: *No, de salvadora, no. Significa que me importa de alguna manera su vida.*

T.: *Una cosa es que te importe, otra que tengas que estar pendiente de él.*

M.: *No, pendiente no. Simplemente recordarle una vez más lo que ya le he dicho.*

T.: *Tú le has hecho de madre, él era el niño. Él no se responsabilizaba de nada. ¿Qué ventajas tenía ser madre de él?*

M.: *Como soy bastante protectora, supongo que me sentía bien ofreciéndole un poco…*

T.: *Tu rol de protección, tu rol de cuidadora, que es lo que estás diciendo en la carta. Esto es lo que hace que te atrapes en las relaciones, que te posicionas en este rol de cuidadora y de salvadora. Ahora no, pero en un momento dado te pudo enganchar. Porque, si no recuerdo mal, comentaste que te había agredido físicamente y luego hicisteis el amor. Por lo tanto, desde esa parte sumisa, al final acabas haciendo el amor con él, cuando te había cascado.*

En una relación de dependencia no se trata solo de cortar la relación con la persona maltratadora, *sino con la naturaleza de esta relación*, de lo contrario se corre el riesgo de repetir la misma dinámica relacional con las sucesivas parejas que se puedan ir formando.

T.: *En la carta, al final, reproduces esa posición. Porque no solo se trata de cortar con él, sino con la naturaleza de esta relación. Porque este fue el acople de vuestra relación; os movíais en esta dinámica de madre protectora y salvadora y niño sumiso o rebelde que hace lo que le da la gana y no considera al otro. Para liberarte de la dependencia necesitas salir del rol de madre protectora o salvadora. Las historias de dependencia pueden durar años… ¿Cómo te sentirías tú si no necesitases decir esto al final de la carta? Esta necesidad es la que has de valorar si es saludable o no para ti.*

M.: *Sobre todo teniendo en cuenta que sé que no me hará caso.*

T.: *Podría hacerte caso… Y luego, vuelta a empezar. O no. Pero tú, para tu proceso personal, necesitas salir de una vez por todas de este juego de salvadora. Si se quiere salvar, siempre se podrá salvar él solito. Tú quieres su bien y se lo manifiestas, con lo cual continúas estando en el rol de salvadora. Porque continúas vinculada mentalmente a saber qué le pasará, si se curará o no se curará. No acabas de cortar mentalmente. O, dicho de manera más primaria, no acabas de cortar el cordón umbilical.*

M.: *Precisamente lo que quería era protegerlo. Son cosas que después no las entiendes, pero en aquel momento actúas de esta manera.*

T.: *Tú, en este escrito, por ejemplo, te posicionas respecto a tu dolor. Pero no se trata solamente de eso, sino, sobre todo, de posicionarte frente a tu relación. Te has dado cuenta de que has sufrido mucho y ya no quieres sufrir más, pero también te has dado cuenta de que has estado en esta posición, porque tú la protegías, intentabas defenderla, valorarla, porque para ti tenía un sentido, como salvadora. Y en este aspecto necesitas liberarte no solamente de él, sino también de la naturaleza de esta relación.*

MOTIVOS DE LOS ATRAPAMIENTOS

Los motivos por los cuales una persona puede quedar atrapada en una relación pueden ser múltiples y diversos y, en consecuencia, es imposible dar debida cuenta de todos ellos en este libro, ni en ningún otro. Los casos hasta ahora considerados muestran un amplio abanico de posibles situaciones en las que la persona puede quedar atrapada por no soltar el anzuelo que ha mordido o salirse del juego al que ha apostado todo su ser. Este es el motivo fundamental por el que una persona queda atrapada en una relación. Los consejos de familiares, amigos, psicólogos y libros de autoayuda (Bolinches, 2019, Nardone, 2014, Riso, 2004), que invitan a la persona a abandonar la relación «tóxica», por muy acertados o bienintencionados que sean, suelen caer en saco roto si no aciertan a desenmascarar y desmontar el motivo del enganche.

El caso que consideramos a continuación permite captar con nitidez la complejidad del fenómeno del atrapamiento afectivo, en el que se pone en evidencia la dificultad extrema que puede representar para algunas personas romper o salirse de una relación determinada.

Probablemente radique ahí, también, la cronicidad de tales situaciones, la reiteración de intentos fallidos de separación, seguidos de reconciliaciones apasionadas de corta duración, que tanto llaman la atención a los profesionales que atienden a estas personas.

Perro ladrador, poco mordedor

Leonor, de 50 años, casada y madre de tres hijos de 27, 25 y 15 años, acude a terapia por problemas en su vida de pareja. Fede y Leonor se conocieron a los 16 años y se casaron a los 21, sin haber tenido ninguna otra relación amorosa, por lo que llevan treinta y cuatro años juntos. La convivencia, sin embargo, se ha visto oscurecida por el alcoholismo de él y la dinámica relacional originada a este propósito.

> LEONOR: *Bueno, yo arrastraba mucho. Yo venía de una situación con mi marido alcohólico. Estaba casada, tenía ya dos hijos. En el año 1992 yo tenía 32 años, y mi marido ya estaba al límite. Y bueno, fue un proceso muy duro para mí, porque tenía toda la familia en contra. En el sentido de que para mi familia era más fácil cogerme a mí y a mis hijos, sacarme de ahí y dejar «que él se muera en la calle». Y después de muchas promesas de «cambiaré, cambiaré», y yo «vale, vale, te perdono, te perdono», llegó un punto que ya fue inadmisible. Porque se podía decir que era un alcohólico, que llegaba a casa y se ponía a dormir, y a lo mejor no daba guerra. Pero entonces el problema era que yo, cuando él llegaba, le pinchaba cada día, cada día, cada día, hasta el punto de que, cuando yo me enfrentaba a él, como él es más fuerte que yo, pues lo más fácil era... batacazo va, batacazo viene.*
> T.: *O sea, que había violencia.*
> L.: *Exacto, y ahí fue cuando intervino mi familia y me llevaron de casa.*

Pero ella se opuso a abandonarlo porque creía que él era recuperable y le dijo a su madre: «Yo vuelvo con él, pero bajo ciertas condiciones. Quiero que haga algo para dejar el alcohol». Mi madre dijo: «Vale, vete; pero no vivirá más, porque no tiene remedio».

Leonor consiguió contactar con un médico especialista que después de una analítica le dijo: «una gota más de alcohol y revientas, estás en el límite». A continuación el marido se sometió a un tratamiento de implante subcutáneo de antabus —un antagónico del alcohol— para el que fue ingresado una semana en un centro hospitalario. Luego asistieron marido y mujer durante un año a un grupo de alcohólicos anónimos. En la actualidad lleva diecinueve años seguidos totalmente sobrio, sin ninguna recaída.

Pero claro, la terapia era para él, más que para mí. El doctor que nos llevaba me dijo: «Leonor, ponte en manos de un psicólogo, porque tú has perdonado, pero no olvidas, y llevas mucho dolor dentro». Él se daba cuenta, porque cuando yo le preguntaba a mi marido si se acordaba de cosas que pasaron y él me respondía que no, yo pensaba «ostras, con lo mal que nos lo pasamos cuando tu conducías bebido y yo con dos criaturas, que no dejabas que yo llevara el coche». Situaciones extremas, y que él no se acuerde, me hacen sentir engañada. Cierto que era mejor olvidar, pero yo no he podido olvidar. Pensaba «el tiempo todo lo cura», y no es cierto. Porque a mí me pasa, y hablo ya desde el presente, que cada día, en cuanto lo veo entrar por la puerta, me vienen todos los recuerdos de cosas que no puedo hablar con él, porque él no puede sentir lo que yo sentí, porque no se acuerda, ni tampoco lo sintió.

El proceso de terapia y de desintoxicación se llevó a cabo en el año 1992. Tres años más tarde tuvieron otra hija y Leonor dejó definitivamente de trabajar (llevaba veinte años, desde que tenía 15, trabajando en la misma empresa), con lo cual la situación económica se complicó:

Todo esto a mí me causaba una desesperación y a él una impotencia muy grandes. Porque claro, se sentía culpable, pero tampoco hacía nada. Y la situación se complicaba cada vez más. Pero bueno, si tienes un compañero al lado que te ayuda... Él decía que sí, pero luego no hacía nada. Y bien, tuve la criatura, que ahora tiene 15 años. Los dos mayores tienen una tensión muy grande en casa. Porque claro, todo mi hablar era echarle las cosas en cara. Pero no él, si no yo, de mala leche, con ira, con rencor, con odio. Mis hijos iban creciendo y lo iban viendo y al final se marcharon de casa a los 20 para independizarse. Y ahora, que llevamos treinta años casados, hemos llegado a un punto en el que con solo vernos nos echamos las cosas en cara, las cosas del pasado.

Los hijos de Leonor la incitan a separarse: «madre, si te has de separar, sepárate porque habéis llegado a un punto que no sabéis ni hablar sino es para echaros en cara las cosas, porque siempre es lo mismo, cada día es lo mismo». Y el hijo mediano, en particular, a quien ella considera el más sensato, le dice: «Porque yo sé que no puedes vivir con él. Que os queréis, sí; pero ha llegado un punto, que ya no sabéis amaros, sino haceros daño». Sin embargo, ella se considera cobarde, incapaz de dar el paso.

L.: *Entonces, claro, la situación se ha degradado mucho, ¿no?, ¿Qué pasa conmigo? Pues que sí, que soy cobarde. Soy cobarde en el sentido de que no sé coger la maleta e irme. Hasta aquí hemos llegado, primero soy yo. Me largo y punto. Ahí te dejo, encima con la pequeña, para que aprendas a ser padre. Ya que no has sabido nunca ser padre de los mayores, ahora te dejo con la pequeña de 15 años y a ver qué haces. Pero soy una cobarde para separarme...*
T.: *¿Para ti sería la solución?*
L.: *Sí, para mí como persona... Le doy la responsabilidad de hacer de padre, lo hace y se espabila. Y ya no más de lo mismo. Mi marido y mis hijos se han acomodado a que todo lo haga yo. Yo chillo, pero lo acabo haciendo todo yo.*
T.: *O sea, ellos saben que hablas gritando, pero que acabas haciéndolo tú.*
L.: *Exacto, o sea «perro ladrador, pero poco mordedor»... Separarme para mí sería tener la valentía de decir: «aquí os quedáis» y largarme... Pero también me da miedo, porque pienso: «¿Y adónde voy con 50 años y sin trabajo?». Yo sé que mi madre me recibiría con los brazos abiertos... Pero para ella, que está chapada a la antigua, mi marido se ha curado, trabaja como un condenado y saca a su familia adelante y con esto ya hay más que suficiente.*

Un comentario de otra paciente del grupo, sobre su propia experiencia familiar y de pareja, produce un efecto tan fuerte en Leonor que incluso se plantea si dejar la terapia, porque «ha empatizado tanto que se le ha despertado una multitud de recuerdos y sentimientos».

Todo esto me altera, me lo hago mío. Me vienen sentimientos de rabia, de dolor, de impotencia por todo lo que yo he pasado. Y entonces me planteo dejar de venir, porque volveré a sufrir y no tengo ganas de sufrir. Porque, de momento, tenía aparcados estos sentimientos.

Este impacto provoca la apertura de su mundo emocional que siempre intenta mantener bajo control. Se preocupa mucho por los demás, pero ella intenta mostrarse impasible frente a lo suyo:

L.: *Porque yo busco siempre el bien de los demás. Y no quiero dar a conocer mi malestar, porque no quiero que se sientan mal por mí. Yo siempre me he preocupado más por los demás que por mí.*
T.: *¿Y por qué crees que pasa esto? ¿De qué manera te sale la vena salvadora? ¿Protegiendo? ¿Reparando? ¿Cómo?*
L.: *Yo intento primero proteger, después busco hacer justicia. Y luego, claro, intentar reparar el mal. Que la persona se sienta bien. Y que sea consciente de lo que le ha pasado y de lo que puede llegar a sacar de positivo de la experiencia, dejando lo negativo aparte. Yo sé hacerlo con los demás, pero no conmigo misma.*
T.: *Pues empecemos por aplicártelo a ti. ¿Cómo sería primero protegerte tú? ¿De qué te has de proteger o de qué deberías haberte protegido?*

Esta pregunta abre la puerta a la expresión de sus sentimientos no solamente de forma enunciativa, sino extremadamente expresiva con llantos, gritos, sollozos, agitación corporal, señal inequívoca de una fuerte activación emocional.

L.: *Yo me he de proteger de mis sentimientos de culpabilidad. Pienso que he hecho las cosas mal; todos han tirado* palante, *menos yo. Mi hijo es profesor, mi hija educadora social, a mi marido no le ha faltado nunca el trabajo y está rehabilitado; pero yo tengo este sentimiento de culpa de que alguna cosa no he hecho bien.*

T.: *Entonces, la primera cosa que dices de la que deberías protegerte es de este sentimiento de culpa. Porque, para ti, ¿existe el perdón?*

L.: *A ver, muchas veces he dicho que he perdonado, pero no he olvidado. En este caso a mi marido. Y es mentira. Porque si perdonas, olvidas; de manera que, si los recuerdos vuelven es porque no he perdonado. Ahora bien, ¿por qué no he perdonado? No le perdono todo lo que me hizo, porque me hizo mucho mal. Pero claro, no está olvidado, de manera que no está perdonado. Y esto a mí me confronta mucho, no poder hablarlo con él. Este es el mal más grave que tengo.*

T.: *Y ¿por qué no puedes hablar con él?*

L.: *Porque él no se acuerda de nada, de las actitudes que tuvo. Pues no podemos hablar. Pero yo sí que hablo de estas actitudes con mucha rabia y mucho dolor: «¿No te acuerdas del día que me pegaste? ¿No te acuerdas de que tuvimos que llamar una ambulancia? ¿No te acuerdas...?». Y él: «No, no me acuerdo, no me hagas recordar». Es normal que esta persona te diga: «vale ya, déjalo estar». O que mis hijos me digan «mama, por favor, déjalo estar, olvídalo, el papa ya está» Si, claro, que ellos también recuerdan las vivencias, pero indudablemente eran pequeños y han crecido y han dicho «bueno, nosotros vemos bien a nuestro padre». Y ya se han olvidado del pasado. Pero lo que ven es que yo no estoy curada.... Soy yo la que todavía me pongo en esta situación. Porque todavía la tengo aquí* (señala la cabeza). *Me acuerdo de cualquier pequeño detalle y esto desde que nos casamos. Entiendo que ellos no entiendan que yo todavía viva de recuerdos. Es lo que siempre me dicen: «mama es que no tiras* palante, *no tiras* palante». *Y claro, como la relación no está bien tampoco, entonces va a peor.*

T.: *¿Y por qué no va bien ahora la relación?*

L.: *Bueno, pues no va bien porque yo supongo que, al dejar de trabajar y estar en casa, tener que vivir de un sueldo también cuesta, hoy en día. Pero yo tampoco no hago nada por intentar buscar o por salir adelante. Pero acomodarme en casa tampoco es bueno para mí. Como que me he acomodado; es como si le dijera: «pues ahora vas a pagar por lo que me has hecho y apechuga con lo que tienes...».*

T.: *¿Y piensas que en el fondo hay un sentimiento de venganza?*

L.: *Sí, tengo este sentimiento de venganza cuando le digo: «¿qué habría pasado si yo hubiera hecho como tú, beber o drogarme? ¿Qué habría pasado con nuestros hijos?». Porque yo, desde que lo conocí, me he tenido que responsabilizar de todo. Porque siempre he tenido que llevar yo la economía, la casa, la educación de mis hijos, los negocios; he de vigilarlo a él como si fuera su madre y además ocuparme de mí.*

AMPLITUD DEL ESPECTRO SENTIMENTAL

Si consideramos la dependencia como un atrapamiento afectivo, vemos con claridad, a través de los diversos casos que se nos van presentando, que existen múltiples sentimientos que pueden intervenir como factores determinantes del mismo. Más allá del «amor», e incluso en contra de él, otros sentimientos como el rencor o la venganza pueden estar reforzando una relación de dependencia, como en el caso de Leonor. Si seguimos el diálogo con ella descubriremos otro grupo de sentimientos, como el de culpa y deuda, que la mantienen aferrada a esta relación.

T.: *Tú querías salvarlo y lo conseguiste. Un caso rarísimo entre decenas de miles. Lo conseguiste, pero ahora pagas un precio, porque tienes todo este rencor, esta culpa...*

L.: *Mucho rencor y mucha culpa. Es que son veintiún años.*

T.: *No entiendo bien el sentimiento de culpa en tu caso, tú dices que es de culpa por haber cometido un error.*

L.: *Sí, porque la gente que conoce mi problema siempre dice que yo quiero mucho a mi marido, muchísimo. Y en cambio yo por dentro tengo la sensación de haberlo utilizado, de que me casé con él para escapar de casa.*

T.: *¿Y esto te hace sentir mal por haberlo utilizado?*

L.: *Sí, porque siento que no he sido noble con él... Porque también he tenido una dependencia de él. O es que lo necesito. Porque claro, él ya está muy cansado, de manera que está a la defensiva. Y no se calma, al* contrario, si yo ataco, él me ataca todavía más. Lo que pasa es que yo tengo la suerte o la desgracia del don de la palabra, y con la palabra hago mucho daño. Y él, como se siente impotente, pues continúa con su agresividad. Y yo a veces le digo: «pégame a mí, si es lo que quieres». Porque ves que esta persona se siente muy mal por lo que le has dicho, pero no sabe rebatirme a través de la palabra... Entonces, hemos llegado a una situación en que deberían enseñarnos a amar.

T.: *¿Y eso se puede enseñar?*

L.: *Hay días en que, estando en casa, me digo: «hoy cuando llegue, haré algo que no he hecho nunca, preguntarle cómo ha ido el día, qué tal el trabajo». Pero luego...*

T.: *No te sale.*

L.: *No... Por su parte, él sí ha querido; las cosas como son. Pero a mí me ha podido más el rencor y la rabia que tengo dentro. Porque si una cosa tiene es que es una persona muy buena y es muy noble. Que ha hecho cosas mal, yo lo entiendo. Él intenta rectificar. Pero hay algunos momentos en los que yo he visto que si actúo de otra manera, él también reacciona al instante de otra manera... Al primer paso que yo diera de decir «olvidemos el pasado y empecemos de nuevo», él estaría dispuesto a hacerlo.*

T.: *O sea, que él quiere superar la situación en la que estáis ahora, que es insostenible. Pero tú estás con un muro de venganza y de rencor...*

L.: *Claro, pero yo no sé empezar de cero, porque, si supiera, ya lo habría hecho. Evidentemente, si lleva diecinueve años sin beber, y no lo he hecho, es porque no me sale de hacerlo o tengo miedo de demostrar mi cariño hacia él. Y para que no me haga daño, ya me pongo la coraza. Soy fría y calculadora con él y así no sufro.*

T.: *Me da la impresión de que los dos os sentís en deuda. Por ejemplo, él se puede sentir en deuda contigo por lo que tú hiciste por él; y tú, por haberlo utilizado para irte de casa. De alguna manera toda esta inversión que has hecho en él, a fin de que pudiera salirse del alcoholismo, quedaría en nada; si os separabais, sería un fracaso. Se debe salvar la relación a toda costa para que no sea un fracaso.*

L.: *Sí, pero una vez curado, si yo ya no le quería y tenía un buen trabajo, me hubiera podido separar, ¿no?*

T.: *¿Y por qué no lo hiciste?*
L.: *Esto es lo que yo me planteo. Porque hemos entrado en esta espiral de no amarnos y de mutua dependencia; para hacernos daño, supongo.*

A medida que nos adentramos en el caso de Leonor no solamente vamos de sorpresa en sorpresa, sino que aumenta nuestra perplejidad, haciendo cada vez más compleja la posible comprensión del sentido de su atrapamiento en la relación con Fede. Si atendemos a la cantidad y variedad de sentimientos que surgen en su relato no entendemos muy bien cómo podemos integrar el odio, la frustración, el rencor, la ira, la rabia o la sed de venganza, con la culpa, el miedo, el amor, la debilidad o la fragilidad.

Podemos aceptar que uno de los efectos de una vivencia de «estrés postraumático», muy comprensible en su caso, sea la aparición involuntaria de recuerdos o *flashes* de situaciones del pasado. Pero entonces no podemos acabar de comprender por qué se dedica sistemáticamente a recordar y recordarle de manera voluntaria a su pareja, cada día, todos los detalles de los acontecimientos del pasado, tanto más cuanto hace ya diecinueve años que Fede se curó de su adicción al alcohol, gracias, precisamente, a la intervención salvadora de ella.

Es probable que solo podamos acercarnos a su comprensión si intentamos descifrar el significado de las interacciones de unos sentimientos con otros y vemos las estrategias utilizadas en su mantenimiento. Aun a costa de una cierta simplificación, seguramente nos pueda resultar útil recurrir, de nuevo, al juego del «triángulo dramático». Este consta, como queda dicho, de tres personajes que ejercen roles complementarios en su interacción: perseguidor, víctima y salvador. Generalmente estos roles son ejecutados por tres personas distintas, pero en el ámbito de la pareja es frecuente que uno de los miembros asuma frente al otro dos papeles a la vez, siendo posible incluso el intercambio de roles a través de las oscilaciones de la relación.

En nuestro caso tenemos argumentos sólidos para pensar que Leonor asume dos roles a la vez, los de perseguidora y salvadora, alternando con el de víctima, que permanece invariable. En el inicio de la relación, Leonor aparece como víctima de las agresiones de Fede y de su alcoholismo. Pero esta relación se invierte en el momento en que gracias a su iniciativa, Fede sigue con pleno éxito un tratamiento de desintoxicación y deshabituación. Este giro del marido la coloca en la posición de salvadora, la cual le otorga un poder decisivo en la relación. El juego podría haber terminado ahí si ella no hubiera utilizado este poder para pasar a ocupar ahora el rol de perseguidora (venganza), potenciando simultáneamente el de víctima permanente, que exige reparación. Esto podía suceder de dos maneras: o bien dando por terminada la relación o bien reconciliándose a través del perdón.

Finalizar la relación (separarse) supondría aceptar haber cumplido con una misión, la de salvar al padre de sus hijos del hábito alcohólico destructivo, pero a la vez reconocer la imposibilidad de convivir con un pasado cargado de humillación y violencia, tal como le señaló el doctor que los atendía: «Leonor, ponte en manos de un psicólogo porque tú has perdonado, pero no olvidas, y llevas mucho dolor dentro».

Reconciliarse implicaría olvidar el pasado (al menos, no recordarlo) a través del perdón, liberándose del rencor, de la ira, de la necesidad de una reparación imposible. Pero esto supondría o bien un desagravio por parte del marido que fuera suficiente para restablecer la confianza, o bien una apuesta total por parte de ella por el futuro de la relación.

En ambos casos se rompería el triángulo. En lugar de esto, Leonor ha optado por continuar el juego, persiguiendo de manera implacable a su marido, recordándole día tras día la víctima en que la convirtió. De este modo la relación se caracteriza por un juego de poder, en el que ella lleva siempre las de ganar, puesto que, como ella misma reconoce, posee, por suerte o por desgracia, el don de la palabra («yo con la palabra puedo hacer mucho daño»), ante el que él se siente impotente, lo que aumenta su agresividad, manteniendo la ilusión de una lucha de poder en el que se hallan ambos atrapados.

Sin embargo, la relación ha llegado a un punto de crisis, que constituye una oportunidad para salirse del juego. Todo pasa por un abrazo. ¿Pero qué impide este abrazo? La respuesta fácil, a la que recurre Leonor, es que no le han enseñado en su casa, ya desde niña.

Sin embargo ella dice estar deseosa de darlo, y él, necesitado de recibirlo. Y que llegar a darlo sería la felicidad completa. Entonces, y de nuevo, ¿qué impide este abrazo? En el diálogo que reproducimos a continuación en respuesta a esta pregunta descubrimos que amar es sinónimo de debilidad y que mostrar afecto o cariño es desmontar la imagen de dureza que quiere dar.

> T.: *Si tú salvas a una persona y resulta que cuando acabas de salvarla justamente sientes que no la amas...*
>
> L.: *No, no. Yo sentir que no la amo, no lo he sentido nunca. Cierto que yo le he demostrado a él toda mi rabia, le he dicho que no lo quería; pero en mi interior me estoy muriendo de ganas de darle un beso y me pregunto «¿Por qué no lo abrazo? ¿Por qué no le digo que lo quiero?».*
>
> T.: *Siempre simulando, una cosa por fuera y otra muy distinta por dentro.* (L. asiente). *Y siempre el rencor. ¿Y cómo se conjugan el rencor y el amor? ¿Cómo ligan?*
>
> L.: *Bueno, porque a veces, cuando estoy muy saturada, me pasan por la cabeza estos momentos tan malos que he tenido con él.*
>
> T.: *Sí, pero supongamos que te decides a manifestarle este amor, que nunca le has manifestado, que cuando abra la puerta, te le echas al cuello y le das un beso y un abrazo... ¿Qué crees que pasaría en vuestra relación, en tu vida y contigo misma?*
>
> L.: *¡Sería el no va más! Sería la felicidad completa para mí, cosa que yo no he conocido nunca.*
>
> T.: *¿Y qué te frena?*
>
> L.: *¡Que me haga daño! Nunca nadie me ha enseñado a besar, ni a amar. Mi hijo me está enseñando. Es él quien entra en casa y me dice: «Mamá, dame un beso, abrázame».*
>
> T.: *¿Qué significa para ti dar un beso?*
>
> L.: *Pues eso, que no soy tan dura como quiero demostrar.*
>
> T.: *¿O sea que amar es señal de debilidad?*
>
> L.: (llorando) *Para mí es muy bonito, pero también muy duro, porque cada vez que lo he querido demostrar me han hecho daño. Pero yo estoy convencida de que él me lo daría también, porque él está muy necesitado de darme amor.*

¿Y de qué la protege este muro de cemento? De forma muy sintética puede responderse que de la culpa, del miedo y de la vergüenza.

¿Culpa de qué? De haberlo utilizado a él ya desde el principio de la relación para irse de casa; de reconocer que sus motivaciones no fueron nobles, sino interesadas; de estar manteniendo y azuzando la rabia y la agresividad en la relación, desde su posición de víctima perenne, que es la que le da el poder como víctima-perseguidora, moralmente justificada, pero que la mantiene atrapada en la dependencia.

Miedo de separarse y tener que afrontar la vida sola. Miedo a ser dañada y quedarse sin la defensa de la coraza fría y calculadora que ha ido construyendo y reforzando entre ella y su marido a lo largo de todos estos años: «Porque no tenemos que olvidar que yo interiormente tengo mucho miedo, muchísimo. Pero que no lo quiero demostrar, ni lo quiero manifestar». Miedo también al fracaso que significaría la separación y a la frustración por la pérdida de los réditos de la inversión de toda su vida en la relación.

¿Vergüenza de qué? De pedir ayuda, porque eso es sinónimo de debilidad:

> *Por muy mal que haya estado, nunca he sabido pedir ayuda. Si pidiera ayuda a alguien, yo creo que me vendría abajo... Que yo con esta actitud lo estoy haciendo al revés, que estoy gritando por dentro: auxilio, socorro, ayudadme, abrazadme. Que es lo que yo querría decir, pero no digo. Que como no me quiero hacer la víctima, pues supongo que no comunico la necesidad que tengo de que me abracen.*

Vergüenza de estar acomodada en su posición de víctima, lo que ha generado la contrapartida de quedarse estancada, sin trabajo, sin recursos propios, sin progresar personal ni profesionalmente, mientras sus hijos, e incluso su marido, han seguido avanzando en todos los campos. ¿Y cómo se pueden vencer la culpa, el miedo y la vergüenza? Con el perdón. El perdón a sí misma y a su pareja con comprensión y compasión, pero sin condescendencia.

L.: *Pues eso, demostrar este amor. Lo tengo que poner en práctica, ¡ya!*

T.: *Sí, pero eso tienes que hacerlo cuando estés bien conectada contigo misma, desde el perdón, para poder manifestarte tal como eres.*

L.: *Yo creo que ya estoy bien conectada, pero lo he hecho al revés. Lo he ido demorando, esperando que sea él quien dé el primer paso. Que sea él quien demuestre lo que yo ya he demostrado de sobras en esta vida.*

T.: *Pero tú estás esperando que él se acuerde. Por eso no paras de recordarle continuamente lo que ha hecho, para que él se acuerde de que te ha hecho mucho daño.*

L.: *Claro, y él me dice que ya se acuerda y que bastante pena tiene de haber hecho todo lo que ha hecho, ¿no? Y me dice: «¡ya basta!, ¿no?, ¡ya basta!».*

T.: *Pero tú no cesas de recordar y recordar. Mientras estamos atrapados en el pasado no podemos avanzar. Y el rencor nos atrapa en el pasado. Una cosa es olvidar y otra es recordar, que es darle vueltas al pasado.* (L. asiente). *Tal vez no podamos olvidar, pero sí podemos evitar recordar, podemos perdonar. El presente, eso es lo que importa. Otra cosa es recordar el pasado, recordárselo y recordármelo cada día. Es estar alimentando el rencor. Por eso la palabra perdonar significa literalmente dar una cosa «por-donada», es decir, «por dada», o sea que la deuda ya está condonada. Nadie te va la va reclamar, porque ya está (per)donada… El perdón no es para olvidar, es para hacer posible que la vida continúe.*

Perdón, como se ha dicho, no implica olvidar, sino no recordar. Olvidar no se puede, si los recuerdos acuden a la memoria espontáneamente, pero sí se puede evitar recrearse en ellos, dando pábulo al rencor. No implica negar el daño o justificar la agresión, sino no reclamar la deuda, ni esperar la reparación.

Perdonar implica renunciar a la venganza (a la justicia vindicativa), a equiparar un daño con otro daño: «ojo por ojo, diente por diente». Es un acto de generosidad, orientado a hacer posible la reconciliación, aunque esta no pueda ser condición necesaria para el perdón.

Perdonar no significa empezar de cero, precisamente porque la memoria del pasado está ahí, sino aprender de la experiencia, de los errores cometidos y corregirlos para poder seguir con la vista puesta en el presente y en el futuro. Perdonar no consiste en pasar página sin antes haberla leído, sino en comprender y contextualizar todos y cada uno de los párrafos de nuestra vida, a fin de darle una nueva oportunidad.

Perdonar es renunciar a la victimización. Sentirse víctima tiene una ganancia psicológica que muchas personas se niegan a perder. Significa que podemos permanecer a la espera de una reparación que nos debe la otra persona, la sociedad entera o incluso el universo. Esto nos excusa de hacer frente a las consecuencias de los acontecimientos, justifica mantenernos en la pasividad y nos concede el derecho a quejarnos indefinidamente. Nos otorga el poder de tener guardados en la caja fuerte del resentimiento los pagarés que nos debe el mundo, pero que nunca vamos a cobrar porque la cifra que está escrita en ellos es un número infinito que garantiza la deuda a perpetuidad. Recibir el pago completo de la deuda significaría dejar de ser víctimas para siempre.

Si bien borrar de la mente los agravios del pasado puede resultar imposible, resulta posible, sin embargo, dejar de re-*cor*dar (volverlos a pasar por el corazón, continuar tiñéndolos de sentimientos). Perdonar por tanto no es una cuestión de la memoria o de la mente, sino del corazón. Quienes han superado situaciones de este tipo presentan siempre tres constantes: no guardan sentimientos de rencor, han aprendido de su experiencia y han aumentado su capacidad de «compasión». Han integrado, en una palabra, su experiencia.

8. Terapia de la dependencia afectiva

LA DEMANDA TERAPÉUTICA

Entendemos la dependencia como un impedimento en el camino hacia la autonomía y, en consecuencia, la terapia como un proceso de remoción del mismo. Este impedimento puede ser debido a múltiples causas que nos pueden llevar a quedar atrapados en la telaraña de los lazos afectivos: carencias personales o déficits de recursos; obligaciones, sumisiones o sometimientos forzosos; sentimientos de culpa, deuda o compromiso; enajenación, abducción o hechizo amoroso; compasión, lástima o pena; apego o nostalgia; juegos de poder, rencor o venganza; miedo, incapacidad o vergüenza; posicionamiento oblativo, rol de salvador o cuidador; necesidad de sentirse reconocido, de complacer o ser aceptado; falta de autoestima, sentimiento de inferioridad o incapacidad; entrega o abandono total, proyección o fusión amorosa; e incluso, comodidad, dejación o renuncia de la propia responsabilidad. Y eso en distintos tipos de relaciones afectivas esponsales, parentales, filiales, fraternales o incluso de amistad.

Con frecuencia las personas no acuden a terapia con una demanda específica relacionada con la dependencia afectiva, sino más bien con un variado panorama de sintomatología psicológica como depresión, agorafobia, ataques de pánico, estados ansiosos, o incluso con trastornos en el ámbito sexual, como anorgasmia, aversión al sexo o frigidez. Sin embargo, tales síntomas se presentan vacíos de significado si no se consigue identificar el contexto en el que se originan, en nuestro caso, con frecuencia el de una relación de dependencia afectiva, acompañada a veces de maltrato psicológico o incluso físico.

Salirse de una situación de dependencia afectiva en cualquiera de los ámbitos familiar o de pareja no suele ser una operación tan fácil como soltar el plátano en el experimento del mono. Como hemos tenido ocasión de ver en profundidad a lo largo de estas páginas y a través de los múltiples casos relatados, todos estos atrapamientos suelen implicar una madeja de sentimientos nada fácil de desenredar.

Es tarea de la terapia contribuir a iluminar los entresijos de la condición de dependencia cuando esta resulta limitativa y perjudicial para el desarrollo y bienestar de la persona. Para ello puede resultar adecuado fijarse estos diez objetivos específicos de la terapia para hacer frente a situaciones de dependencia.

TAREAS RELATIVAS AL PROCESO TERAPÉUTICO

- Entender la terapia como un camino hacia la autonomía.
- Identificar la situación relacional como dependencia/maltrato.
- Reconocer estar atrapado en la relación.
- Comprender la naturaleza y el motivo del atrapamiento.
- Rebatir la normalización, justificación o neutralización del maltrato.
- Abandonar mitos y falsas creencias.
- Aprender de la propia experiencia.
- Aprender de la experiencia ajena.
- Construir la estima ontológica.
- Liberarse de forma efectiva.

◆ Entender la terapia como un camino hacia la autonomía

Tal vez en ningún ámbito como en el de la dependencia afectiva sea tan evidente la consecución de la autonomía como objetivo final de la terapia y la concepción epistemológica de esta como un proceso orientado a promoverla.

Luz de gas

El caso de Maricel, expuesto en detalle en un artículo escrito por la propia protagonista (Palau, 2003), puede servir de ilustración de este difícil proceso. Maricel es una mujer de 37 años que, a los 26, llegó a un centro de salud mental por problemas de ansiedad y, a los pocos meses, fue remitida a terapia. Durante los largos años que ha durado esta, se produjeron etapas en las que a la agorafobia y a la ansiedad generalizada de base se añadieron episodios depresivos reactivos profundos.

En su escrito relata cómo se fue adentrando insensiblemente en una relación de dependencia morbosa con un hombre diez años mayor que ella, que la sometía a todo tipo de vejaciones morales y se aprovechaba de ella a nivel económico compartiendo sus bienes y su casa, siguiendo el procedimiento habitual de los maltratadores, consistente en seducción inicial, aislamiento de otras relaciones e influencias, manipulación de la realidad, invalidación de percepciones y razonamientos, introducción de dudas sobre el equilibrio mental, utilización de las crisis nerviosas como prueba de incapacidad y, por último, sometimiento total.

En el artículo referido se describe con todo detalle el proceso de posesión destructiva al que él la sometió desde el inicio de la relación a través de la creación de una atmósfera asfixiante y confusa, que en terapia se denominó como «luz de gas» (Stern, 2019), en referencia a la película de George Cukor (1944) del mismo nombre, *Gaslight*. Pero lo que nos interesa en este punto es destacar cómo la paciente fue labrando su camino hacia la independencia, recurriendo en los momentos más desesperados a la ayuda de familiares y amigos, pero sobre todo implicándose a fondo a través de la psicoterapia en un compromiso por construir su propia autonomía.

Una amiga de mi adolescencia, que conocía mis problemas, me invitó a pasar un fin de semana en su apartamento. Aquel fin de semana representó mucho para mí. Dormí varias horas seguidas después de meses sin apenas conciliar el sueño. Recobré por unas horas mi libertad y percibí los resquicios de mi aniquilada juventud. Y me pregunté en qué me había convertido… Al mediodía del domingo sentía nauseas al pensar que él iba a venir a buscarme. Apareció como un esperpento y sin dirigirme una palabra me llevó a mi casa como quién acompaña al reo a las mazmorras.

Buscando valor, pero alterada y temblorosa, le dije que quería acabar definitivamente con nuestra relación porque no nos entendíamos y no podía soportar más tanta presión. Me miró frenético y con odio sin decir nada, como yo ya esperaba.

Al día siguiente me hizo llegar una carta de amor, acompañada de una caja de bombones. A los pocos días me envió flores y regalos. Empezó a llamarme insistiendo en que atendiera al teléfono y suplicándome que volviera con él. Me repetía que yo estaba muy enferma y que él me cuidaría y me querría siempre. Yo le suplicaba que no me llamara, que necesitaba alejarme de él, estar sola, sosegarme, reponerme. Pero a él no le importaba lo más mínimo lo que yo necesitara o lo que yo le pidiera. Nunca le interesó. Al contrario, con los años creo que lo que verdaderamente perseguía era tenerme enferma e incapacitada para invalidarme y utilizarme…

Consumida y enferma, y después de promesas y juramentos, reanudé mi noviazgo. Volví a confiar en los buenos propósitos de él, y accedí a que fuéramos a vivir juntos con la fantasía de que mi cariño haría milagros. Arriesgué todo a una carta pensando que mi ganancia superaría con creces mis pérdidas. Pero me equivoqué de nuevo… En realidad, creo que nunca vivimos juntos, sino que se acomodó y se adueñó de la casa. Nunca hubo una complicidad afectiva, ni una convivencia de pareja…

Me decía que estaba desquiciada y contaba a nuestros conocidos que yo estaba enferma y desequilibrada, que nunca había sido una persona normal, que estaba en manos de psiquiatras y psicólogos pero que cada vez estaba peor. Yo notaba que me estaba volviendo loca. Debilitada y hundida, perdí la poca fe que me quedaba sin saber cómo poner fin a aquel calvario.

Me sentía atrapada en el espacio y el tiempo y acorralada sin salida. Toqué fondo y caí en una profunda depresión. A pesar de los antidepresivos y el aumento de la dosis de los ansiolíticos no conseguía mejorar; ni siquiera con hipnóticos podía dormir y evadirme una décima de segundo de aquel suplicio. Nada aliviaba un ápice aquella inexplicablemente inhumana agonía y empecé a tener las primeras ideas de suicidio...

No sé cuál fue el momento concreto, pero sé que existió un glorioso instante en que una fuerza ya irreversible se derramó por mi cuerpo, mi mente y mi corazón, y me dije: «Se ha acabado». Y una tarde de domingo, alterada pero segura, le comuniqué que para mí nuestra relación había acabado definitivamente...

Me esforzaba en no dejarme manipular y aun así él conseguía hacerme sentir culpable e incluso dudar de mi determinación. Le imploré que acabáramos con aquella situación porque yo estaba deshecha, y me contestó que no le importaba cómo estuviera yo. Toda su persona reflejaba una ira bárbara... Hizo caso omiso a mis palabras y después de unos días, temerosa de alguna reacción violenta, pedí a mis padres que se trasladaran a vivir a mi casa. Pasados dos días recogió parte de sus cosas y dejó de venir a dormir.

A partir de aquel momento todo cambió. Y a pesar del miedo y las incertidumbres, intenté reanudar mi vida... Me deshice de cualquier objeto que tuviera que ver o que me trajera el más mínimo recuerdo de él. Estuvo llamándome repetidas veces con múltiples pretextos, para decirme que yo era la mujer de su vida y que me echaba de menos, prestándose para todo lo que yo necesitara. Debo admitir que casi me dejé convencer de su espectacular afabilidad. Pero no lo logró. Yo ya había iniciado un camino sin retroceso. Después de tantas derrotas, el último combate lo gané yo.

Mi curación fue larga y costosa. Fue un lento aprendizaje para conducir mi propia vida. Mi autoestima se había ido gestando casi imperceptiblemente y había encontrado el respeto por mí misma a fuerza de constancia y empeño. Cuando pienso en mi pasado debo admitir que siento una gran rabia por el sufrimiento que padecí y por el precioso tiempo de mi juventud perdido irremediablemente. No obstante, hago un esfuerzo por no recordar con rechazo aquella larga y dramática etapa, y sé que es mejor para mí aceptar que aquel capítulo también forma parte de la historia de mi vida. Y si bien aquella experiencia me hizo descubrir la crudeza humana, también me enseñó a apreciar el prodigio de la existencia y me aportó humildad.

• Identificar la situación relacional como dependencia/maltrato

Con frecuencia, las personas que se hallan en situaciones de dependencia, o incluso de maltrato, no solo tienden a justificar o exculpar a la persona con la que se hallan atrapadas, sino que evitan igualmente calificar la situación misma con estas características. Una de las tareas iniciales de toda terapia en situaciones de dependencia es, pues, de forma prioritaria, identificarlas como tales. Sin ello la terapia puede centrarse, tal vez, en aspectos circunstanciales o sintomáticos, como fobias, ansiedad, baja autoestima, etc., que pueden estar presentes pero que se plantean fuera de contexto.

El camino de Santiago

Después de un año de terminada su terapia, Sofi le escribe a su terapeuta para contarle cuál es su momento actual y agradecerle el camino llevado a cabo en su proceso personal.

> *Te cuento en qué momento sentí como si hubiera apretado un botón de encendido en mi cerebro y empecé a ser consciente de todo aquello que había vivido y por lo que no quiero pasar nunca más.*
>
> *La clave está en las vacaciones del verano pasado. Decidí ir a hacer sola el camino de Santiago. Yo he viajado sola muchas veces, pero después de la relación tan destructora que había vivido con Jose, mi expareja, quedé tan rota, insegura y desprotegida que pensé que nunca me atrevería a volver a hacerlo. Durante mucho tiempo sentí que todo giraba en torno a él y que solo podía ser feliz a su lado, porque yo lo había idealizado a niveles exagerados.*
>
> *Pues bien, después de la terapia empecé a sentirme poco a poco más segura, empecé a reconocerme de nuevo (incluso cuando me miraba al espejo no sabía quién era esa persona que veía reflejada). Supe identificar que lo que había vivido era un maltrato psicológico, una relación tóxica que me había hecho pequeñita y que había sido absolutamente manipulada.*

Así que decidí volver a hacer cosas que, antes de conocerlo a él, yo solía hacer. El primer día del camino llegué con ilusión, pero con miedo y también con mucha tristeza porque el año pasado había estado con él en Galicia de vacaciones. Yo tenía en mi cabeza la idea de que las vacaciones habían sido idílicas. Pensaba que había estado en esa misma tierra enamorada con el hombre de mi vida, y que ahora estaba ahí de nuevo, pero esta vez sola.

Pero esa sensación cambió radicalmente esa misma tarde. Al llegar al pueblo, salí a pasear y me encontré con una iglesia preciosa. Entré a ver la iglesia por dentro. No había nadie en su interior. Me recogí en silencio y, yo que no soy creyente, sentí una emoción indescriptible. Fue algo muy extraño porque sentía una energía diferente y me embargó la emoción.

Rompí a llorar; lloraba porque empecé a darme cuenta de que estaba en ese lugar porque yo misma había decidido emprender ese viaje sola, porque había sido yo la que había organizado toda la ruta, porque volvía a reconocerme, volvía a hacer las cosas que siempre he hecho, volvía a ser la mujer independiente que siempre he sido, y porque empecé a ser consciente de todas las cosas que yo había intentado ocultar o que no quería admitir. Con él vivía en una mentira constante. Porque me engañaba y porque yo no quería darme cuenta de la verdad, que es aún peor.

Salí de la iglesia y seguí llorando. Recordé que en el viaje del año anterior hubo un día en que discutimos, me dijo que me volviera como pudiera a casa y me dejó de hablar. Otro día una chica me llamó para advertirme de que él era un maltratador; otro día me miró el móvil y vio que un chico había puesto un «me gusta» a una historia mía en Instagram y me lio una monumental, y así varias cosas más. Entonces pensé: «¿cómo sigo pensando que fueron unas vacaciones preciosas?». Y lo peor es que, comparado con cómo era nuestro día a día, en las vacaciones habíamos estado mejor que nunca.

En ese mismo momento empecé a ver la realidad, ¡por fin! Evidentemente yo sabía todo lo que había pasado, pero mi mente lo había dejado aparcado en un rincón. Así que todo el camino fue para mí un viaje iniciático. Me reencontré, me reafirmé y cogí fuerzas para pensar que nunca más quería pasar por algo parecido. También pensé que yo no podía permitirme caer de nuevo en una relación de ese tipo.

> *Antes del camino, como recordarás, te dije que si él me llamaba yo volvería a caer. Ahora mismo te digo, absolutamente convencida, que ¡ni en broma! Muchas gracias por el «otro camino» que has hecho conmigo.*

◆ Reconocer estar atrapado en la relación

No obstante, no basta con identificar las situaciones de dependencia como algo objetivamente definible, es necesario también reconocer subjetivamente hallarse atrapado en ellas. Una de las trampas más frecuentes que uno se puede poner a sí mismo es supeditar la propia vida a la del otro, pensando que con ello se afianza la relación.

Almas libres

Clara acude a terapia por un problema de dependencia afectiva. Durante su proceso de terapia reflexiona sobre el momento de la aparición de la dependencia en su relación con Raúl, que describe de la siguiente manera:

> *La primera etapa de mi relación con Raúl fue, a mi juicio, una relación sana. Compartía con él sin dejar de atenderme a mí, anteponía aquello que me interesaba a lo que él me pudiera pedir que no me pareciera razonable o que no me apeteciera. En ese momento de nuestra relación me sentía tan admirada como admiradora, segura de mí misma, atractiva y con ganas de estar con él sin llegar a necesitarlo. Eso me confería una paz que me permitía quererlo sin apego.*
>
> *No acabo de entender en qué momento cambió todo. Supongo que fue un proceso tan subrepticio que, para cuando me pude dar cuenta, ya estaba hundida hasta el cuello. Creo que el punto de inflexión ocurrió en su primera estancia en Austria. Recuerdo el día de la despedida, de nuevo decidí no dormir con él esa noche ni ir a tomar un vino con él para despedirnos, porque al día siguiente tenía trabajo. Ni tan siquiera le acompañé al aeropuerto, sencillamente porque no me iba bien, sin más.*

Estuvo en Viena dos meses. En todo ese tiempo fui a verlo una sola vez. En ese periodo empezaron los reclamos continuos de atención, él me escribía a primera hora de la mañana y yo le contestaba cuando me iba bien.

A su regreso nada volvió a ser como antes. Él se montaba sus planes y contaba conmigo para ellos pero, si a mí no me iba bien hacer algo, su respuesta se tornó tan hostil como «que yo podía hacer lo que quisiera». Me recordaba continuamente que éramos almas libres, y que «si yo no quería seguirle en su plan, pues que no lo hiciera…». Y cuando yo decidía acompañarlo, en contra de lo que me apetecía y me sentía incómoda por ello, él me recordaba que yo lo había hecho porque me daba la gana y que el hecho de estar «echándoselo en cara» le restaba todo el encanto a mi acción, de modo que la expresión de mi malestar me hacía sentir la peor de las personas… Luego, además de hacer aquello que no quería, de haber renunciado a lo que me interesaba, resultaba ser una egoísta incapaz de complacerle ni siquiera cerrando el pico y aparentando que ya me estaba bien mi acto «altruista» por él.

Este asqueroso razonamiento se extendió a todo. Horror… Siento una ansiedad terrible solo de escribir esto. Siento que fui una prisionera de mí misma durante demasiado tiempo. Para ese momento dejé de existir como persona y como ser independiente; dejé de ser un alma libre, para someterme voluntariamente a la vida de Raúl, dejé de mirar a través de mis ojos para mirar a través de los de él. Me perdí…

♦ Comprender la naturaleza y el motivo del atrapamiento

En el capítulo anterior sobre la naturaleza de los atrapamientos, hemos puesto de relieve la complejidad del fenómeno de la dependencia. Se hace imprescindible, sin embargo, intentar desvelar los entresijos más ocultos de la relaciones de dependencia a fin de poder hacer posible salirse o liberarse de ella. En general, los fenómenos psicológicos son muy complejos y pueden contribuir a su manifestación múltiples y variadas causas, tal como hemos podido poner en relieve en el capítulo anterior, por ejemplo en el caso de Leonor.

Si tú me dices ven, yo vengo

Consideremos ahora un alto grado de complejidad, también, en el caso de Carina, a la que ya nos hemos referido en el capítulo 6 cuando hablamos de dependencia y maltrato en las relaciones de pareja.

T.: *¿Y tú cómo te explicas que lo quisieras sin sentirte querida?*
C.: *Eso no se puede explicar, ¿no? Muchas veces me pregunto por qué siempre me equivoco cuando me enamoro, pero no lo puedo evitar. Porque yo me enamoré de él, pero locamente. Y después lo seguí queriendo y, sin embargo, ni siquiera fuimos felices en la cama porque en el sexo no nos entendíamos. Sin embargo, lo seguía queriendo, no tiene lógica pero, bueno, es así...*
T.: *No pregunto por la lógica, sino por el sentido.*
C.: *Es que, no sé, es un sentimiento... Era verlo y era como... Es una sensación, es algo que no puedo explicar. No sé, algo muy especial; porque es que yo lo veía y a mí el corazón se me desbocaba, como una química. O sea, es algo que, no sé, es un sentimiento. Te enamoras de alguien y lo notas: quieres verlo por la mañana y quieres verlo por la tarde y quieres verlo por la noche. No sé, como una droga.*
T.: *Pero así como en la droga hay algo que te engancha...*
C.: *Sí, ¿en esto, qué será?* (ríe) *Pues no lo sé, la verdad... Lo primero que te puede atraer era su físico, era muy guapo, eso para empezar. Y, luego, era súper simpático, era un tío con mucho carisma, con mucha labia, entonces siempre tenía a la gente como hipnotizada. Era muy enigmático, tenía a todo el mundo siempre a su alrededor... Era un gran seductor; pero en todos los sentidos y a todos los niveles. Era así, y bueno, a mí me enamoró, me subyugó y me volvió loca. Y fue así durante todo el tiempo que estuve con él y todavía, ocho años después de habernos separado, vino a donde yo estaba viviendo con otro tío y me jodió la historia. Y lo dejé entrar en mi casa y ¡no pude evitarlo! Por otro lado yo me daba cuenta de que no me daba cariño, no me daba el amor que yo esperaba y no era una persona que te escuchara. Él era para sí. Tampoco era fiel, era muy infiel; no era buen padre de sus hijos tampoco. No tenía nada en realidad. O sea que si te paras a pensar...*

T.: *Si te paras a pensar…*

C.: *No me paré a pensar entonces y, después, ¿para qué? Lo que pasa es que seguía enamorada de él, porque era incapaz de decirle que no. Cuando él decía «ven», yo iba; no podía decirle que no, ¡tan sencillo como eso! Sabía que me estaba engañando, decía que iba a cambiar, que no volvería a hacerlo. Y sabía que era mentira. Y eso fue una vez y otra vez, hasta que definitivamente yo fui la que le dije «hasta aquí». (Silencio). Pero me costó horrores, porque me costó llorar y llorar y llorar. Le estaba diciendo que no volvería con él; pero yo estaba llorando, mi corazón quería seguir con él.*

T.: *O sea, entonces algo entendiste.*

C.: *Sí, claro, que no puedes obligar a una persona a quererte por mucho que tú la quieras, ni a cambiarla.*

T.: *Pero, perdona una cosa, tú dices que no puedes obligar a una persona a quererte, pero ¿tú lo obligabas o esperabas?*

C.: *No; esperaba, esperaba ser correspondida, como le pasa a la mayoría de la gente, que espera ser correspondida… Pero hay personas que no saben amar, que no aprenden a amar y nunca sabrán amar.*

En el caso de Carina, se trata, evidentemente, de un amor no correspondido, pero que a pesar de todo, y tal vez por ello mismo, se convierte en un reto a superar.

No puede ser que Alejandro no se rinda al amor. Hay que excusarle: es joven, no sabe amar; pero cuando se dé cuenta, vendrá. Va con otras mujeres, me descalifica como amante, no nos entendemos en la cama, me provoca con sus ligues, me empeño en demostrarle mis artes eróticas, me ligo a decenas de hombres por las noches en los bares. Al final yo soy su esposa, soy la madre de sus hijos; cuando se siente perdido vuelve a mí y yo le abro las puertas de par en par, aunque esto destruye mi única relación estable en el afecto que tenía en aquel momento. Después muere consumido por las drogas y el sida, pero su muerte no puede borrar su memoria, todavía hoy continúo sintiendo lo mismo por él. No lo puedo odiar, ni olvidar. Tal vez en vida no conseguí que me amara, no sabía, no fue capaz de amar nunca a nadie. Pero él no consiguió que yo dejara de amarle.

En esta historia de amor por Alejandro, hay todavía otro reto a considerar. Se trata de un tema de celos y rivalidad. No solamente es la historia de un amor no correspondido, sino de un triángulo amoroso en el que existe un tercer elemento, las otras amantes carnales o platónicas de Alejandro, entre ellas, incluso, algunas de sus hermanas, particularmente Lara, que acabó ahijando a sus hijos, de la que afirma que «siempre estuvo enamorada de Alejandro y que siempre ha querido que mis hijos fueran suyos. Porque desde que los dejé allí me estuvo amenazando con quitarme la patria potestad de los niños». El destino, sin embargo, se encargó de hacer reales sus temores. Alejada de la casa materna, a causa precisamente de las dificultades de convivencia con su hermana Lara y de la azarosa vida laboral nocturna en bares y restaurantes, Carina dejó a sus hijos pequeños al cuidado de su madre. Pero acabó siendo Lara quien compró la casa donde habían vivido de alquiler toda la familia, la que se hizo cargo de ellos, consiguiendo además la cesión de la patria potestad.

Aunque separadas por siglos de historia, por contextos sociales y mentalidades muy distintas, Carina y Eloísa (cfr. capítulo 1) nos parecen almas gemelas, enamoradas de su capacidad de amar. Enamoradas de hombres inaccesibles, que tenían una corte ingente de admiradores, pero que, en realidad, estaban enamorados de sí mismos y anteponían en cualquier caso sus propios intereses al interés por los demás, incapaces de corresponder al amor ajeno, pero plenamente capaces de aprovecharse de él. En esta concepción del amor no entra la maternidad. También como Eloísa, Carina deja los hijos al cuidado de su madre, y luego de su hermana, relegando la crianza y la maternidad en aras de su libertad. Este, el reto de un amor imposible, es el enganche que las mantuvo fieles a sus sentimientos aún más allá de la muerte de sus amantes, el amor narcisista, que se enamora de su capacidad de amar y de ser amadas.

⁕ Rebatir la normalización, justificación o neutralización
del maltrato

Para poder comprender la naturaleza de estos enganches, seguramente puede ayudarnos la consideración de un fenómeno concomitante, como es el de la tendencia a normalizar, justificar, exculpar o neutralizar las consecuencias del maltrato o su propia existencia, por parte de sus protagonistas activos o pasivos.

Uno de los argumentos más frecuentes en favor de esta justificación o exculpación del «maltratador» es que está mal de la cabeza o de «la azotea», está enfermo, no se da cuenta, está bajo el efecto del estrés o ha bebido alguna copa de más, tal como hemos visto en el caso de Mónica, por ejemplo.

> Mónica: *Porque si realmente hay en el fondo algo que le hace actuar de una manera compulsiva, si hace las cosas sin realmente querer…*
> Terapeuta: *Entonces está loco y la locura puede ser objeto de amor terapéutico, pero no erótico.*

El arte de no amar

Para la víctima es el enamoramiento el que interpreta estos comportamientos como manifestaciones pasionales, pecados de juventud o la fantasía de poder cambiarlo, precisamente gracias al poder transformador del amor, lo que mantiene los argumentos para la justificación o la exculpación, a los que hay que añadir, por ejemplo, continuando con el caso de Carina, la impericia del amante.

> Carina: *A mi marido ya lo perdoné hace muchos años…*
> Terapeuta: *¿Pero qué te llevó a perdonarlo?*
> C.: *Que nunca dejé de quererlo… Nunca pude odiarlo tampoco… Entonces no creo que sea tan difícil perdonarlo… Y saber que también era muy joven, que no sabía querer… Entender, quizás, cómo era… Si hay algo que no pueda perdonarle es que me dijera que me quería y que*

fuera mentira… Es lo único que no le podría perdonar, pero tampoco…
No sabía querer; no solo a mí, no quiso nunca a nadie.
T.: *Y tú, si no he entendido mal, no has dejado de quererlo.*
C.: *No lo dejé de querer nunca.*
T.: *¿No lo dejé o no lo has dejado…?*
C.: *¡Hombre! ¡Ahora está muerto! ¡Hace muchos años! Es ya una cosa que queda ahí…*

De la lectura del caso de Heidi, en cambio, se podría extraer la conclusión de que la dependencia y el maltrato están relacionados con experiencias infantiles de abandono, abuso o violencia. La propia paciente parece insinuarlo al establecer una relación entre su experiencia infantil de sumisión y un patrón de dependencia y maltrato que le sirve tanto para exculpar al maltratador como para excusar su propia dependencia.

En mi caso era la inseguridad con la que crecí el tener un padre tan autoritario, que era la persona a la que había que obedecer, era el patrón que tenía. También mi padre o mi exmarido venían de padres autoritarios. No es que quiera justificarlos, pero sí, cuando una persona es así, tiene un problema de fondo. Yo pienso que siempre hay un problema de fondo, si no, ¿cómo puedes actuar de esa manera? Las personas no nacemos malas… ¿Entonces qué buscas? Pues buscas ese patrón, que te lleve, porque si no, estás perdida.

Este razonamiento, en el caso de Heidi y muchas otras personas, puede ser cierto, aunque no se le deba dar una lectura causa-efecto. Este argumento se utiliza frecuentemente como un tópico, afirmando de manera acrítica que quien recibe maltrato luego es maltratado o se vuelve maltratador. Es muy posible que en el caso de ella y de otras personas esto sea verdadero, pero existen muchas otras perspectivas que cuestionan su valor de axioma. La casuística, como la expuesta en este libro, es muy variada y nos permite obtener una visión más compleja del fenómeno de la dependencia y el maltrato.

◆ Abandonar mitos y falsas creencias

Uno de los grandes mitos o falsas creencias es la idea de poder cambiar al otro. Me maltrata, pero es porque anda estresado, no le complazco suficientemente, tiene problemas con el alcohol o las drogas, y así otras mil razones, pero yo lo cambiaré. Razones todas ellas que contribuyen a perpetuar indefinidamente «amores que matan» (Garrido, 2015).

Yo lo cambiaré

¿Qué es lo que atrapaba a Carina en la relación con Alejandro? Una relación destructiva, abusiva y de maltrato, mantenida a pesar de todo a través del tiempo. A primera vista, y según sus palabras, el «enamoramiento».

> TERAPEUTA: *¿Qué te mantenía ahí?*
> CARINA: *¿Qué me mantenía? Me mantuvo siempre la idea o el hecho de que yo lo quería y que pensaba que podían cambiar las cosas. Cuando descubrí que ya no podía cambiar, no dejé de quererlo, pero decidí que por mucho que lo quisiera no podía cambiar. Y que me tenía que ir. Así de claro.*
> T.: *¿Estabas enamorada?*
> C.: *Sí, estaba enamorada. Yo estaba enamorada de él. ¿Por qué estaba enamorada de él? Pues no lo sé, porque la verdad... Porque yo he sido de una forma de ser que cuando me enamoro, me enamoro... Yo soy muy enamoradiza, es mi forma de ser. Yo cuando me enamoro no pienso si me va a hacer daño o cuándo me va a hacer daño, qué va a pasar o qué no va a pasar. Lo siento, me nace y ya está.*
> T.: *O sea que con tu ex te pasó que no te diste cuenta que ese enamoramiento te cegaba.*
> C.: *Me cegaba, sí. Lo que pasa que tienes 20 años y te crees que puedes hacerlo cambiar. Eso ya aprendí que era imposible, que no puedes cambiar a las personas. Ni tú tampoco cambias.*

T.: *Te tenía como un trofeo. O sea, cojo una persona y la anulo... Es como el placer de dominar a alguien y tenerlo totalmente sometido...*
C.: *Sí, supongo que es eso. Porque yo no le encuentro el sentido a que haya gente así, que necesita dominar y que necesita tener a esa persona aunque no la quiera. A ver, para mí eso no es querer, pero se supone que ellos piensan que es así. Pero es porque están mal. Digo yo que tienen que estar mal de la azotea, porque vamos...*
T.: *No necesitan estar mal de la cabeza. Es la concepción del amor como posesión, como dominio. Confunden amar con querer. Como te quiero para mí (que no es lo mismo que amarte a ti), te aíslo del mundo. Además te invalido, por si acaso. Y te digo que eres fea, gorda, idiota, frígida, quién te va a querer así... Y entonces ya utilizo el aislamiento más la invalidación. Porque te ha hecho tan pequeñita ya que encima no tienes red social, porque también te la he quitado. Y entonces me aseguro de que te voy a tener ahí siempre («La mujer, la pata quebrada y en casa»). Porque te lo he quitado todo. Y te manejo, como a un muñeco.*

♦ Aprender de la propia experiencia

Hemos visto cómo nuestras pacientes entendían frecuentemente el amor como entrega (abandono) total, como hechizo, como atracción, como supeditación o sometimiento, como posesión, como fusión, como cuidado y de qué manera estas concepciones las atrapaban en relaciones de dependencia.

Cornuda y contagiada

Sara, paciente a la que ya nos hemos referido ampliamente en un capítulo anterior al hablar de los atrapamientos familiares (capítulo 5), con un padre maltratador de la madre y abusador sexual de ella, presenta también una larga experiencia con diferentes relaciones de pareja. En su caso, el cruce de experiencias familiares y de pareja la ha llevado en la actualidad a un distanciamiento emocional respecto de ellas.

SARA: *A ver, yo, si pienso en lo de mi padre, jamás podré tener una pareja. Si yo cuento lo que he sufrido, no me voy a fiar de nadie en esta vida. Eso no quiere decir que no pueda compartir y tal, pero fiarme no me da… Es como una vida paralela, veo a la gente, yo veo las familias y tal y yo no me siento identificada con ello. Pero tampoco estoy en un momento de mi vida en el cual me pudiera plantear estar en pareja convencional, porque no funcionaría, al menos por mi parte, no.*

En su historia afectiva destacan cuatro relaciones significativas. Con Jorge, la primera de ellas, lo que se llevó de una relación de ocho años fue un papiloma por contagio sexual.

S.: *No fue suficientemente leal para decirme que me había puesto los cuernos y yo tuve que enterarme por una revisión médica, al detectarme el papiloma. O sea que encima fue un atentado contra la salud… Aparte, una vez me levantó la mano, una vez solo, nunca más… Pero, dentro de todo, doy gracias porque si no, no lo hubiese llegado a dejar nunca, y yo no hubiese sido feliz con esta persona…*
T.: *¿Y por qué no lo hubieses dejado?*
S: *No sé; me hubiese costado más porque ya llevaba varias veces que estaba viviendo con él y que lo dejaba y volvía, porque yo no aguantaba ni su machismo ni su conducta. Pero luego él siempre volvía y me pedía perdón y yo volvía con él. Todo mi entorno me decía que lo dejara, pero yo volvía.*

Con Xavi, con quien compartió trabajo y empresa, se llevó un desfalco económico que tuvo que asumir personalmente por desaparición del susodicho.

S.: *Xavi me hizo un desfalco económico a nivel de empresa… Y he tenido que pagar mucho dinero. Me ha fallado por el lado económico y por el lado sentimental. Además él desapareció… Cogió una baja y desapareció. Y las cuentas corrientes de la empresa estaban vacías y yo tenía que pagar a los proveedores…*

Solo dice haber estado enamorada de Juanjo, pero el fin de su relación con él estaba anunciado ya desde el principio, puesto que había firmado un contrato con una empresa por el que se comprometía a hacerse cargo de la gerencia en México.

> S.: *Es la única vez que puedo decir, quizás porque desde el principio no me lo tomé así, como que pudiese ir a más. Pero al cabo de un año se acabó la relación.*
> T.: *Pero sigues enamorada de él.*
> S: *Yo, como a Juanjo, a día de hoy, no he querido a nadie igual; pero bueno, soy consciente de que aquello terminó. Y no va a volver otra vez.*

En la actualidad mantiene una relación de amistad con Ramón, ocho años menor que ella, compañero de piso. Son fieles y leales, pero no pareja.

> S.: *Ramón entró como compañero de piso y al final, mira, pues hay un trato más íntimo; pero también son quizá las necesidades de cada uno. Pero bueno, yo a Ramón no lo considero como pareja, yo lo considero como mi compañero. Pero no lo veo más allá, lo veo como una persona que en la actualidad me está acompañando en la vida y yo lo acompañó a él. Y, mientras que estemos conviviendo, yo no me iré con nadie más.*

De todas estas experiencias Sara ha sacado sus conclusiones respecto a la vida en pareja:

> S.: *No voy a volver a ser tan tolerante; sí un poco más intransigente en según qué cosas. Pero de todas maneras tampoco descarto una relación con alguien. A Ramón le tengo mucho cariño y todo; me lo quiero. Tenemos un tipo de relación no convencional. O sea, no tienes por qué casarte, que cada uno tenga sus libertades. Como algo más paralelo, pero sin contratos. Y sí compartir gastos, pero cada uno lo suyo. Esta es mi visón de la pareja en la actualidad.*
> T.: *O sea, una relación basada en la igualdad, sin sometimientos.*

S.: *Exacto. Hoy por hoy, no veo posible una pareja. Prefiero una amistad a un vínculo. Debo aceptar estar sola; de lo contrario, me pongo en situación de dependencia. No pienso estar sometida, prefiero estar sola.*
T.: *Pero tú, por ejemplo, ¿crees que en algún tipo de relación con tu pareja te has llegado a someter o a ceder?*
S.: *Sí, he cedido. Por ejemplo, renuncié a vivir en Barcelona y me fui a Cornellà, un sitio que a mí no me gustaba para nada, pero bueno, cedí. Jorge se sentía bien allí, pues sacrifico eso. Ahí ya empezó el problema porque él quería casarse y tener hijos. A ver, yo me tengo que sentir bien en una relación para tener hijos, si no estoy bien, no los voy a tener. En eso lo de la pareja veo más amistad y mirar cada uno lo suyo para tener mi independencia. Yo no voy a perder mi independencia por nadie, por nadie.*

♦ Aprender de la experiencia ajena

Cuando hay sentimientos o afectos de por medio es difícil poder pensar las situaciones con objetividad. Por ello, tal vez en esta cuestión de la dependencia afectiva resulte más indicada que nunca la aplicación de técnicas de aprendizaje vicario, es decir, aprender de la experiencia ajena. Este aprendizaje puede obtenerse de diversas fuentes: películas, series, literatura tanto novelesca como de autoayuda, pero sobre todo compartir las propias experiencias con las ajenas en grupos de terapia.

A lo largo de este texto hemos visto innumerables ejemplos de pacientes que compartían sus experiencias en diálogo con otros miembros del grupo, por lo que no vamos a reproducirlos aquí. Queremos centrarnos más bien en los recursos que puede utilizar individualmente la persona en solitario por medio de la lectura o el visionado de películas en el contexto de la terapia, aunque para obtener un mayor beneficio sea muy importante compartir el efecto de esta experiencia con el terapeuta, redactando, por ejemplo, un comentario sobre pensamientos, sentimientos, cuestiones, etc., surgidas a lo largo del ejercicio.

Te doy mis ojos

A Sonia, por ejemplo, se le propone ver la película *Te doy mis ojos,* de la que ya hemos hecho mención más arriba (capítulo 2), en la que se describe una relación dependiente, basada en una relación de asimetría deficitaria en la pareja, favorecida por la posición dominante de él. Antonio, el marido, no puede permitir que Pilar, la mujer, tenga autonomía, necesita poseerla y para poseerla, la fragmenta, la corta en pedazos. No la destruye, porque ya no la tendría más, la trocea, la despedaza simbólicamente: «dame tus pies, tus piernas, tus brazos, tus rodillas, tus pechos, tus labios, dame tus ojos». Es un juego erótico al que ella accede porque lo interpreta como una materialización del deseo de él. Sin embargo él no tiene bastante con la posesión simbólica de ella, sino que necesita destruirla para poseerla. De la sarta de humillaciones a las que la somete la más grave, aunque tal vez no tan llamativa como la de dejarla desnuda en el balcón, hacia el final de la película, es la crítica de su actividad como guía de museo, la destrucción de sus libros de historia del arte, que representan su sensibilidad, intentando de esta forma anular su mente, a fin de tenerla totalmente dominada.

Sonia describe sus impresiones después de ver la película señalando aquellos aspectos con los que se siente identificada con la protagonista en el siguiente listado, que trae a terapia para comentar:

Me siento identificada
- Sentir que era buena persona.
- Empatizar sobre su pasado.
- Intentar entenderlo.
- Aceptarlo, incluso con sus sombras.

Aspectos que identifico que me han pasado:
- En vez de preguntarme cómo estoy, mis novedades, sus mensajes eran «¿qué haces, dónde estás?». Controlarme.
- Usar frases como: «eres mía, dime que eres mía, tu sexo es mío, tu boca… Todo». Insistir mucho. Estuve casi un año

negándome a decirle estas frases. El último mes, cuando me prometió que todo cambiaría, lo acabé aceptando y le dije que era suya. Aunque, al revés, no sucedía.

- No poder ser yo misma porque todo lo ridiculizaba o lo despreciaba, descalificando siempre mis opiniones.
- A la protagonista se le olvidaba todo lo malo y acababa asumiendo que, por ejemplo, su hermana no la entendía y que él era realmente buena persona y quería cambiar. A mí se me acababa olvidando completamente todo lo insano y también acababa distanciándome de las opiniones de mis amigas, porque me justificaba diciendo que ellas no lo conocían en realidad.
- Al verlo nunca sabías cómo estaba, si bien, si mal… Siempre a la expectativa de cómo estaba para poder estar bien o mal tú.
- Acababa absorbida o «encerrada» en su mundo. Sentirme vacía.
- «Tener cierto miedo» en ocasiones por no saber con qué comentario me iba a salir.
- Plantear dejar mi vida aquí para adaptarme a su estilo de vida e irme.

Nueve semanas y media

La película *Nueve semanas y media* (1986) se inspira en el libro autobiográfico del mismo título de una joven ejecutiva de una gran empresa en Nueva York, publicado en 1978 bajo el seudónimo de Elizabeth McNeil. Ocho años después Adrian Lyne la llevó a la gran pantalla, convertida en un súper éxito de taquilla bajo la categoría de cine erótico.

Elizabeth es una mujer divorciada e independiente, que trabaja de galerista. Hace tiempo que no tiene una relación estable. Casualmente conoce a John, un misterioso hombre que desatará toda su sensualidad y pasión. John es un agente de la bolsa con buena posición social, que en su soltería busca nuevas aventuras sexuales. Los dos llenan el vacío de sus vidas con un fogoso romance. Elizabeth es la parte sumisa y John no se va por las ramas: desde el inicio deja claro que tiene sus propias reglas y que ella debe seguirlas al pie de la letra, convirtiéndola en una esclava dócil que en cada nuevo encuentro satisface diferentes demandas eróticas y sexuales: «Escucha, así son las cosas entre nosotros. Mientras estés conmigo, harás lo que yo te diga».

La trama está constituida por una serie de escenas que relata Elizabeth, y que Lyne reconstruye fílmicamente desde la novela, pero cuidadosamente descafeinadas de todo su componente abusivo, humillante o lesivo. La única experiencia correctiva la expresa Elizabeth a través del llanto que no sabe de dónde viene, ni puede controlar. Ya en las últimas páginas del libro Elizabeth escribe:

> Yo no sabía qué ocurría. Todo cuanto sabía era que no podía parar de llorar. Cuando, a las seis de la tarde seguía llorando, me llevó a un hospital; me dieron sedantes y el llanto cesó al cabo de un rato. Al día siguiente, inicié un tratamiento de varios meses…

A través de la cámara llegamos a «sentir» las experiencias que ella vive y quedamos como ella, atrapados en ese espacio altamente erótico y excitante, con el juicio crítico anestesiado. Pero, afortunadamente, la película no consigue desprenderse del todo de la esencia que rezuma la novela que la inspira, marcada por la relación de abuso que la sustenta. Las palabras de Elizabeth en su relato son elocuentes:

> Mi cuerpo no tenía nada que ver conmigo. Era un señuelo, para ser utilizado en la forma que él decidiera, con el fin de excitarnos a los dos… Nada ni nadie me había preparado. Hacía unos años había leído *La historia de O,* intrigada al principio, horrorizada a las pocas páginas y asqueada mucho antes del final… Cualquier cosa, házmela; cualquier cosa, tómame; cualquier cosa, mátame, si te place… Hace dos meses que he perdido el control… No necesito controlar, él lo hace todo, lo hará hasta que me mate… No puede, no me

matará, ambos somos demasiado egoístas para eso... Y recordar a cada instante: si me matas, tendrás que encontrar a otra, y ¿es fácil encontrar a una mujer como yo?

La película *Nueve semanas y media* permite analizar los mecanismos que caracterizan una relación de abuso perversa. Una relación de una brutal violencia psicológica ejercida aparentemente con un guante blanco que no deja huellas, en cierta medida invisible para el entorno —incluso para la víctima— siendo así más dañina, si cabe.

> Así ocurrió, paso a paso. Y, como nos veíamos cada dos noches, como cada experiencia nueva era de por sí poco espectacular, como hacía el amor muy bien, como al poco tiempo estaba loca por él, sobre todo físicamente, resulta que me vi envuelta, en el simple transcurso de un par de semanas, en una aventura que la gente que conozco juzgaría patológica. Un poder nuevo y consciente: una vulnerabilidad perversa en cuanto que es total abandono. Nunca se me ocurrió catalogar aquello de patológico. Nunca le puse una etiqueta. No se lo conté a nadie...

En este caso, traemos a consideración los comentarios de Gloria. Hace solo unos meses ha finalizado una larga y tormentosa relación con Alfonso, con quien estaba muy apegada. Ahora ha iniciado una nueva relación con Dani en la que se pone de manifiesto de nuevo una dinámica de dominio-sumisión. Por eso se le pide una reflexión sobre la película *Nueve semanas y media*. Estas son sus conclusiones.

- Ya he visto la película. Es increíble cómo ha cambiado mi percepción desde la primera vez que la vi... Ahora he entendido mucho mejor el tipo de relación que tienen porque me he sentido identificada en muchos aspectos.
- Al principio de conocerse, él le pide a ella si puede vendarle los ojos. Ella le pregunta: «¿y si no lo hago?». Él responde: «si quieres puedo irme» y ella le dice que no quiere que se vaya. Esta escena me ha hecho recordar nuestro último encuentro

sexual, ya que me hizo vendar los ojos y yo, a pesar de no querer hacerlo, accedí a ello porque temía que si no lo hacía se enfadara y se fuera. Siempre amenazaba con irse. Y lo cumplió varias veces, cada vez el miedo a que se fuera era mayor.

• Por otro lado, esta escena me hace recordar nuestras relaciones sexuales y, a pesar de que en las últimas ocasiones accedí a hacer cosas que no me gustaban, lo echo mucho de menos. Me excitaba muchísimo y no puedo evitar sentir que me gustaría volver a sentir lo que sentía con él. Tengo sentimientos contradictorios... He estado llorando durante bastante rato tras ver esta escena.

• Le regala un reloj y le pide que cada día a las 12 lo mire y piense en él. Me recuerda a varias situaciones con Dani. La primera se dio cuando se fue de viaje cinco días y me regaló un bombón por cada día que no nos íbamos a ver, debía enviarle una foto de cada vez que me lo comía. En ese momento lo vi como algo romántico y quizás si no se hubiera desarrollado todo como sucedió después o si no hubiera tenido otros comportamientos que denotaran control, lo habría sido. Pero ahora, visto en perspectiva, me parece una manera de controlarme, de hacerme pensar en él cada día. Pero en ese momento no fui capaz de identificarlo.

• Posteriormente pasaron otras cosas en las que sí que tuve la sensación de que quería ejercer ese control sobre mí. En diciembre me propuso un juego; después de haber dejado la relación en múltiples ocasiones, llevábamos tres semanas sin vernos ni hablar. Me dijo que me iría haciendo llamadas perdidas a lo largo del día, en ese momento yo debía hacer ejercicios para prepararme para la relación sexual que tendríamos cuando nos viéramos. Y así fue.

• A ella la llama su ex para cenar y ella decide no ir, entiendo que por miedo a la reacción de su pareja. Yo dejé de hacer cosas también por miedo a la reacción de Dani.

• El juego de seducción del principio es muy evidente, aquí me siento plenamente identificada, aunque con diferentes armas, porque en mi caso no era mediante regalos o cosas materiales, sino mediante canciones, postales, poemas, etc.

- Ella lo invita a ir a una fiesta para que conozca a sus amigos. Él le dice que no quiere conocer a nadie, que solo quiere estar con ella. Esto me pasó exactamente así. También era así en mi relación con Dani: él quería hacerlo todo y creo que tenía la necesidad de sentir que él era el que estaba al mando y que las cosas se hacían a su manera.

- Ella se queda sola en casa de él y registra sus cosas. En ese momento él la llama y le pregunta si ha abierto sus armarios, ella le dice que sí y él se enfada; acaban solucionándolo con sexo. Parece que le lea la mente al llamarla, justo cuando ella está mirando entre sus cosas. Aquí también me identifico, aunque por otras situaciones de diferente índole. Pero yo llegué incluso a dejar de pensar en algunas cosas por miedo a que él adivinara qué estaba pensando.

- Le pide que ande a cuatro patas. Ella se niega y acaba llorando. Aquí la diferencia radica en que, cuando Dani me lo pidió a mí, yo no solo accedí, sino que no rechisté, ni se me pasó por la cabeza hacerlo, y además disfruté.

- Otra diferencia es que ella se rebela contra aquello que él le manda y a ella no le gusta. Yo pocas veces me rebelé, me daba miedo que él se enfadara y que acabara yéndose.

- Él le dice: «ha habido muchas chicas, pero nunca había sentido nada parecido a lo que siento por ti y que nunca pensé que podría quererte tanto». Dani me decía continuamente este tipo de frases.

- Ella acaba diciéndole: «me estás destrozando y no aguanto más». En mi último mensaje le dije que lo quería mucho pero que estaba agotada y triste y que ya no podía más. He entendido que él la trata a ella como un objeto, cosa que ahora también siento al pensar en mi relación con Dani, aunque cuando estaba con él no lo veía, o no quería verlo.

- El rol de dominación/sumisión de la relación de ellos también existía en la nuestra. Al igual que en la película, la nuestra no era una relación equilibrada, sino que él estaba en una posición superior y yo siempre en una inferior.

- En general, ella acaba sintiendo una dependencia de él, y aún hoy la siento yo por Dani, a pesar de no estar juntos desde hace ya un mes y de no saber nada el uno del otro.

◆ Construir la estima ontológica

En un libro anterior de esta serie, *Atrapados en el espejo* (Villegas 2022), hemos dedicado casi un capítulo entero, titulado «El espejo vacío», al tema de la autoestima, entendida como estima ontológica, en contraposición a la estima narcisista. No repetiremos aquí, por razones de espacio, lo expuesto allí. Simplemente intentaremos evidenciar el significado del trabajo terapéutico con la estima ontológica a través de un caso, el de Irene, en el que se hace evidente la dificultad de pasaje de una estima meritocrática, basada en el reconocimiento de los demás, campo abonado para la dependencia afectiva, a una estima ontológica, libre de condicionantes, sobre la base del simple existir.

Solo busco que me quieras

Al término del primer año de terapia, Irene intenta hacer un resumen de su proceso a través de este texto, que presentamos muy resumido:

> *Mi infancia se desarrolla en un entorno muy autoritario. Mi padre era muy estricto y crítico… Crecí en un ambiente donde no había cariño para repartir… Aprendí desde muy niña que «tanto tienes, tanto vales»; lo tengo marcado a fuego.*
>
> *Durante mucho tiempo no me he sentido querida por mi familia y me aparté de ellos. La terapia me ha ayudado a entender que carezco de autoestima ontológica y que ello me llevó a una relación dependiente. También me ha ayudado a entender que mi funcionamiento meritocrático es algo que me enseñó muy bien mi padre.*

La historia de sus relaciones empieza a los 17 años con un primer novio con el que terminó a los 19, porque se enamoró de un colega del trabajo. Esta historia con el colega del trabajo le salió fatal porque resultó ser un maltratador psicológico.

> *Yo era una guapa chica de 20 años y él tendría unos 35. Al principio me trataba bien y empezamos a mantener una relación de encuentros esporádicos. Después resultó ser un mujeriego y se acostaba conmigo y con dos más de la oficina. Ese fue mi primer desengaño amoroso y el inicio de sentirme el patito feo, que no era.*
>
> *Después de esa mala experiencia me sentía un poco sola y aceptaba estar con hombres que no me querían y les daba sexo para intentar conquistarlos. Grave error, porque, cuanto más larga era la lista de conquistas, más vacía y triste me sentía.*
>
> *En el plano sexual también hay mucho de qué hablar, puesto que de los 19 a los 23 fueron casi todas relaciones muy desagradables, ya que yo no imponía condiciones ni respeto y los hombres veían en mí una chica mona con la que hacer lo que en sus casas no podían. Así que conseguí crear otro constructo en mi mente: «el sexo es desagradable y solo sirve para tener a un hombre cerca, no para disfrutar».*
>
> *En el nivel afectivo mi vida era un desastre. A través de la terapia he aprendido que todas estas relaciones invalidadoras, al igual que mi matrimonio, han ocurrido por mi falta de autoestima ontológica, y porque no me han enseñado a creer en mí misma. Gracias a la terapia he aprendido que no me tengo que regular desde los méritos, no valgo más por hacer más méritos, ni por tener más dinero, ni más bienes. Simplemente valgo porque soy yo, porque he nacido, porque soy una persona única y valiosa.*

A los 22 años conoció a Jose, que sería su marido, «un tío emprendedor, autónomo, que a mí me parecía todo un ejemplo de lo que debía ser la pareja ideal». Se casaron al año siguiente y montaron un negocio. Pero las cosas empezaron a torcerse tres años más tarde, con el cambio de residencia y los problemas de la empresa.

> *Teníamos apuros económicos y él sacaba toda esta frustración los fines de semana consumiendo cocaína y dándome sesiones de sexo violento. Y yo llegaba a encerrarme en el baño y dormía allí hasta que se le pasaba la ansiedad sexual. Esta etapa duró dos años, después se le ocurrió frecuentar salones de intercambio de pareja, también mezclados con el consumo de cocaína. Yo no podía soportar hacer sexo con otros hombres sin ningún tipo de placer; siempre acababa haciéndoles una felación para que me dejaran en paz.*

Con los años el negocio fue prosperando, pero eso fue el principio del fin. Con dinero suficiente como para comprar grandes cantidades de cocaína, Jose comenzó a salir por libre y ausentarse tres, cuatro y hasta cinco días sin avisar y gastarse todo lo que daban de sí las tarjetas de crédito en drogas y prostitutas. A pesar todo, «yo intentaba contentarle en todo para que no se enfadara, pero aun así ocurría muy frecuentemente. Yo lo achacaba a las drogas, y tenía idealizado un Jose que no existía».

Esta situación duró tres años más. En las vacaciones de verano fue la crónica de una muerte anunciada: Jose empezó a traer amigos consumidores a casa y empezaron a hacer fiestas de esas que duran cuatro días, con alcohol, drogas... Al final tuvo que hacer ella las maletas y marcharse de casa. Al cabo de unos meses después de la separación, en los que la desorientación, la culpa y el alcohol ocuparon su mente y su tiempo, Irene empezó la terapia.

> *Recuerdo muy bien que las primeras sesiones estaban exclusivamente dedicadas a Jose; no podía hablar de otra cosa que del gran error que cometí al separarme y que la vida sin él no tenía ningún sentido; de cómo serían las cosas si él dejara las drogas. Lloraba desconsolada.*
>
> *A medida que avanzaban las sesiones me fui calmando y recuerdo que había preguntas que no era capaz de contestar porque no tenía identidad. En el momento en que me separé, desaparecí, no existía. No podía contestar preguntas simples como qué me apetecería hacer de mi vida, qué planes de futuro tenía o qué cosas me gustaban. No podía contestar porque las respuestas hubieran sido los planes o los gustos de Jose... Con*

estas preguntas me di cuenta de que yo había desaparecido por completo, y empezamos a trabajar en mi reconstrucción desde los cimientos.

Antes de la terapia yo no era importante, lo realmente importante para mí eran los deseos de mi pareja, complacerlo en todo y hacer como míos sus pensamientos... Esta manera de regularme durante dieciséis años acabó por hacerme desaparecer.

Otra de las cosas básicas y, para mí, en aquel entonces, absolutamente imposibles de conseguir, era soportar estar triste y conectar con mis emociones. Mi psicóloga me obligó literalmente a aguantar el tirón y comprobar que no me iba a morir por llorar, ni por estar triste y que ello me permitiría una conexión conmigo misma que jamás había experimentado.

En definitiva, cuando mi terapeuta me conoció hace poco más de un año, conoció a una persona que hablaba por boca de su exmarido. Ahora puedo asegurar que cuando se me pregunta algo respondo lo que pienso yo. Ahora soy capaz de enfrentarme sola a las situaciones, soy capaz de llorar y conectar conmigo misma y entender que estar triste forma parte de nosotros mismos, igual que la rabia, o la alegría. Ahora no salgo huyendo de mis sentimientos... Cualquier persona que no entienda de dependencia afectiva pensará que exagero, pero ahora hago cosas normales que era incapaz de hacer, como quedarme en casa un fin de semana leyendo, viendo la tele, cuidando a mi perro o simplemente descansando... Puedo decir que voy por muy buen camino y todo se lo debo a mi terapia, al tiempo, que pasa en mi favor, y a mi fuerza de voluntad.

♦ Liberarse de forma efectiva

Salirse de la relación de dependencia se puede hacer de dos maneras: o bien reconstruyendo la relación desde unas nuevas bases, o bien abandonándola definitivamente. La primera opción requiere sobre todo un proceso personal de asunción de responsabilidad de la propia vida y compromiso con una regulación autónoma. Estos posicionamientos van a introducir importantes cambios en la estructura de la relación. Puede que sea posible solo después de un proceso de reconciliación, en el que el perdón tendrá un papel fundamental, no en el sentido de la exculpación ni del olvido de los agravios, sino en la condonación de la deuda, para hacer posible el surgimiento o la continuidad transformada del amor.

La segunda opción conlleva la ruptura radical de la relación, dado que no resulta posible ni conveniente contemplar su continuación. Esta segunda opción exige igualmente un trabajo importante en la consecución de una mayor autonomía personal. Pero a la vez requiere la superación de un proceso de duelo por la muerte de las idealizaciones, por la desaparición de las expectativas fantasiosas proyectadas sobre la relación, por la renuncia o, si se quiere, la aceptación de la derrota en los juegos relacionales en los que nos habíamos atrapado. La resistencia a llevar a cabo este proceso de duelo puede constituirse en motivo de insuperable atrapamiento.

Dejar de ser «yo» para ser yo misma…

Como final de su proceso de terapia, Clara, la paciente a la que nos hemos referido más arriba, escribe el resumen de su proceso de ruptura en estos términos:

> *Hace poco más de un mes se truncó el camino con el que pretendía llenarme en la vida, a raíz de mi separación de Raúl. Pero dentro de todo el drama ha ocurrido algo muy bonito conmigo misma, he hecho un* click. *Siento como si de repente todas las piezas del más difícil de los puzzles se unieran de golpe con esa separación, el puzzle de mi vida… Ello me ha permitido aventurarme a cambiar varios aspectos que hasta ese momento me habían servido de «estrategia» para (sobre)vivir pero que no me permitían ser autónoma y me generaban una ansiedad terrible. Con estas palabras pretendo afianzar estos cambios y darme fuerza para seguir caminando en esta dirección y por encima de todo, no volver atrás.*
>
> *Es difícil plasmar aquí este proceso, pero voy a intentarlo. Nadie me ha querido nunca por el mero hecho de existir, de ser yo… Si mis padres no lo han hecho nunca, ¿cómo lo iban a hacer los demás? A ellos no les toca ofrecerme este tipo de amor. Entiendo que las relaciones de*

amistad, de amor o laborales son un intercambio en el que damos a cambio de recibir.

Las relaciones deben ser equilibradas, los «dadores» nos cansamos de que la energía fluya en una sola dirección. Soy responsable de haber sido una «dadora» a cambio de nada. Eso puede resultar muy cómodo para quienes me rodean pero, lejos de lo que pretendía, es cero atractivo. A nadie le gustan los sumisos y yo he sido una sumisa sin filtro. He creído durante mucho tiempo que atendiendo a los demás iba a alcanzar la más verdadera de las amistades, el más profundo de los amores.

Esto no ha sido así. Cuando he dejado de mirar por mí para mirar a través de los ojos del otro, lo único que he conseguido es apagar mi luz y esconderme a la sombra de aquello que nunca quise ser para regularme desde el miedo, un miedo de no agradar al otro, un miedo que me impedía ser yo misma. No hay lugar para la espontaneidad en este contexto y, lo peor de todo, no hay forma de disfrutar de nada de lo que haces.

Luego entras en un conflicto contigo misma porque no estás haciendo lo que quieres, estás invirtiendo tu energía en ofrecer al otro lo que ni te has ofrecido a ti misma y la energía se consume, te sientes cansada y no entiendes por qué. Pero, después de dar, tampoco te sientes en armonía contigo misma y, para colmo, tampoco agradas al otro.

Quiero poder seguir diciendo «no» cuando algo no me interese, quiero amar a las personas sin dejar de amarme a mí misma. Quiero romper con el deseo de agradar a todo el mundo (he aprendido que no se puede y, además, ya no me interesa). Quiero recordarme a mí misma cada día que soy válida para alcanzar lo que me proponga; quiero confiar en mí.

Me gustaría agradar a quienes me agradan, pero si para ello debo renunciar a ser «yo misma», prefiero perder a esas personas y seguir mi camino. Quiero hacer un pacto con mi espontaneidad, que forme parte de mí, que sea protagonista en mi vida.

Y en el amor, aquí sí que tengo que seguir trabajando duro. Por el momento abro mi corazón desde la humildad de aceptar mi fragilidad en este terreno. Me dispongo a vencer a la mayor de las adicciones que he sufrido en mi vida: el apego.

He aprendido a saber qué quiero y, sobre todo, qué no quiero con solo preguntármelo. La respuesta ha estado siempre en mí, solo tenía que escu-

charme y ser sensata conmigo misma. He aprendido a decir «no», cuando algo no me interesa.

Me he convertido en una persona mucho más real y auténtica, complazco mucho menos a los demás a cambio de complacerme más a mí misma. Esto me ha llevado a dejar personas en el camino pero también me ha dado la oportunidad de saber quiénes forman parte de mi vida de verdad. Conectada entre lo que pienso y lo que siento y en busca de enderezarme en la ejecución para lograr mis objetivos. Con mucho camino por recorrer, sin dejar de valorar lo recorrido.

¿TERAPIA INDIVIDUAL O TERAPIA DE PAREJA EN LAS RELACIONES DE DEPENDENCIA?

La gran mayoría de pacientes que acuden a terapia por un tema de dependencia suelen hacerlo en el ámbito de la terapia individual. A veces, porque este tema surge accidentalmente, solo al profundizar en la comprensión del contexto de aparición de la sintomatología depresiva o ansiosa, que es el objeto de su demanda. Y en general, porque, cuando el objeto de su demanda hace referencia específica a la dependencia afectiva, la relación ya se ha roto y, en consecuencia, la persona acude sola a terapia en el ámbito individual.

El lado positivo de las crisis en las parejas donde se ha creado una relación de dependencia es que constituyen una oportunidad para renegociar los términos de la relación de un modo mucho más satisfactorio y equilibrado que antes (terapia de pareja), o bien para aprender a valorar y desarrollar cabalmente la propia autonomía dentro y fuera de los muros de la relación (terapia individual). Ambas modalidades son posibles y, a veces, compatibles, no en el caso en que haya maltrato, cuya supresión se convierte en condición indispensable para cualquier intervención terapéutica.

Sin embargo, con frecuencia, el resultado de estas intervenciones terapéuticas en pareja es la ruptura o la separación, posiblemente porque cuando se acude a terapia ya se ha viciado gravemente y de forma irreversible la dinámica de la relación conyugal. Pero una vez superado el duelo de la ruptura, si es el caso, se abren posibilidades inmejorables de restaurar o construir el núcleo más ontológico de la persona, como el ave fénix que renace de sus cenizas. Como decía una paciente, citada por Canevaro, (1999): «Me he curado, porque, ¿sabe, doctor?, el amor es una enfermedad. Cuando amas, no eres nadie y la otra persona es lo único que cuenta. Pero cuando te das cuenta de que no le puedes llenar la vida a ninguna otra persona, se te pasa».

Pero para ello es necesario aprender de las lecciones del desamor entre las que pueden señalarse las siguientes:

- El enamoramiento implica una alteración hormonal transitoria, revestida de fantasía y romanticismo, que por su propia naturaleza está destinada a desvanecerse, sobre todo si es correspondido y consumado;
- su poder contribuye a aproximar dos personas hasta tal grado de intimidad que les permite acoplarse con facilidad y les da la ocasión de conocerse y vincularse;
- para ello predispone, al menos inicialmente, a la mutua acomodación, lo que a veces puede resultar peligroso para el mantenimiento de los confines de la propia identidad y puede, por las mismas razones, llevar fácilmente a engaño sobre la identidad del otro, así como favorecer o dar lugar al establecimiento de las condiciones para crear una relación de dependencia;
- la posibilidad de dar continuidad a la relación así iniciada pasa por la conversión del enamoramiento en amor, pues, como decía Epicuro (2005), «Si se prescinde de la contemplación, de la conversación y trato con la persona querida, se desvanece toda pasión erótica».

Amar, en consecuencia, es todo un arte que requiere, entre otras, cosas desarrollar un conocimiento e intercambio reales de sí mismo y del otro, respetando y aceptando las diferencias propias de cada uno, sin pretender cambiarlo. Establecer unas coordenadas de simetría en la relación que no se basen en el poder ni en el antagonismo, sino en la colaboración, entendiendo que el edificio de la pareja se asienta sobre la capacidad de cada una de las columnas que la sostienen sustentarse por sí mismas. Aumentar la propia estima y manifestar públicamente aprecio y valoración del otro, evitando la crítica destructiva y las expresiones despectivas. Entender que el amor consiste en atención, protección y cuidado mutuos, que es una llama compuesta de erotismo, afecto y muestras de cariño, que requiere ser alimentada constantemente para que no se apague... ¡Y todo esto sin quemarse!

Colofón y coda

En este texto hemos hablado de las personas en situación de dependencia o sumisión. No hemos hablado de la contraparte, la del dominador y/o maltratador, porque nuestra atención terapéutica está centrada en convertir en oportunidad de crecimiento personal hacia la autonomía, el sufrimiento derivado de la devastadora experiencia de la dependencia afectiva, que es de lo que trata este libro.

También hay que reconocer que las personas que suelen acudir a terapia en este contexto son las víctimas de esta dinámica relacional y que el proceso de reconstrucción personal está dirigido a salirse de esta posición victimal. Como decía hacia el final de su proceso terapéutico la paciente a la que metafóricamente hemos llamado Heidi:

> *Exactamente, es lo primero que tienen que sacarte para poder caminar. Dejar de ser víctima y verte a ti misma como persona. Y claro, al sacarte esa etiqueta, te sacas un peso tremendo de encima. Porque somos víctimas, porque queremos serlo, porque nos va bien ir de víctimas... Tengo que mirar al futuro, tengo que vivir, vivir siempre es para adelante, no para atrás.*

Naturalmente, este proceso no es nada fácil ni cómodo, tal como atestiguan los numerosos casos que hemos revisado a través de este escrito, sino que está jalonado de avances y retrocesos, de desengaños y desesperos. Sin embargo, el poder transformador de esta experiencia no hace deseable, pero sí admirable, la dureza del esfuerzo de quienes la han atravesado con sangre, sudor y lágrimas.

Si quienes ocupan la posición de dominantes en una relación, ya sea familiar o de pareja, se dieran la oportunidad de cuestionar su actitud abusiva y egocéntrica llevando a cabo un proceso terapéutico, seguramente podrían aprender mucho de sí mismos y de las relaciones humanas y contribuir con ello al aumento de bienestar personal y social. Pero no suele ser este el comportamiento habitual entre ellos. Raramente acuden a terapia por iniciativa propia, y la mayor parte de quienes lo hacen vienen por mandato judicial o indicación de los servicios sociales.

Mientras tanto, aprovechamos estas líneas para rendir homenaje a aquellas personas que se han liberado de las relaciones de dependencia consiguiendo, como atestiguan los relatos que nos han ofrecido de su experiencia a través de las páginas de este libro, conectar con su estima ontológica y desarrollar una mayor autonomía con la que hacer frente a una vida que se abre hacia el futuro, para no quedarse atrapada en el pasado.

Referencias bibliográficas

Alberoni, F. (1986). *L'erotisme*. Barcelona: Laia.

Alberoni, F. (2006). *Sexo y amor*. Barcelona: Gedisa.

Baile, J. I. (2007). *Estudiando la homosexualidad. Teoría e investigación*. Madrid: Pirámide.

Bolinches, A. (2019). *Amor al segundo intento*. Barcelona: Urano.

Canevaro, A. (1999). Nec sine te nec tecum vivere psossum. En M. Andolfi, *La crisi della coppia. Una prospettiva sistemico-relazionale*. Milán: Raffaello Cortina.

Castelló, J. (2006). *Dependencia emocional. Características y tratamiento*. Madrid: Alianza.

Comte-Sponville, A. (2012). Vienes de una cadena de millones de coitos. *La Contra de La Vanguardia*, 21/11/2012.

Dawkins, R. (1993). *El gen egoísta*. Barcelona: Salvat.

Epicuro (2005). *Fragmentos: Sentencias Vaticanas. Obras completas*. Madrid: Cátedra.

Escudero, M. (2020). Enganches emocionales: personalidad por dependencia. http://www.manuelescudero.com, 16/11/2020.

Fisher, E. E. (2004). *Why we love: the nature and chemistry of romantic love*. Nueva York: Nery Holt & Co.

Fonda, J. (2005). *Memorias. Jane Fonda*. Madrid: Temas de hoy.

Freud, S. (1920). *Más allá del principio del placer*. Obras Completas. Madrid: Biblioteca Nueva (1973).

Freud, S. (1923). *El yo y el Ello. Obras Completas*. Madrid: Biblioteca Nueva (1973).

Fromm, E. (1956). *The art of loving*. Nueva York: Harper & Row.

Garrido, V. (2015). *Amores que matan*. Alzira: Cientocuarenta.

Giménez, A. L. (2003). *Passió, revolta i pacte. Les cares ocultes de l'amor*. Lleida: Pagés.

Guevara (de), A. (1528), *Libro áureo de Marco Aurelio*. Obras Completas de Fray Antonio de Guevara, tomo I, Madrid 1994.

Hendrick, C. y Hendrick, S. (1986). A theory and method of love. *Journal of Personality and Social Psychology*, 50 (2), 392-402.

Karpman, S. (1968). Fairy tales and script drama analysis. *Transactional Analysis Bulletin*, 7(26), 39-43.

Larraburu, I. (2007). *El velo de la pasión. El amor tranquilo*. http://www.isabel-larraburu.com/el-velo-de-la-pasion/

Lee, J. A. (1973). *The colors of love: an exploration of the ways of loving*. Toronto: New Press.

Linares, J. L. (2006). *Las formas del abuso*. Barcelona: Paidós.

Lope de Vega, (1634). *Rimas humanas y otros versos*. Barcelona, Crítica (1998).

Mallor, P. (2006). Relaciones de dependencia, ¿cómo llenar un vacío existencial? *Revista de Psicoterapia*, 68, 65-88.

May, R. (1969). *Love and will*. Nueva York: Norton.

Money, J. (1980). *Love and Love Sickness: the Science of Sex, Gender Difference and Pair-Bonding*. Baltimore: Johns Hopkins University Press.

Morgado, I (2006). *Emocions i intel·ligència social: una aliança entre els sentiments i la raó*. Barcelona: Mina.

Nardone, G. (2014). *Psicotrampas*. Barcelona: Paidós.

Palau, M. (2003). Luz de Gas, historia de un secuestro emocional. *Revista de Psicoterapia*, 54/55, 103-121.

Punset, E. (2007). *El viaje al amor*. Barcelona, Destino.

Riso, W. (2004). *¿Amar o depender?* Barcelona: Gránica.

Schopenhauer, A. (2005). *Metafísica del amor / Metafísica de la muerte*. Barcelona: Obelisco.

Selva, M. (2007). Esto no es amor. *La Vanguardia*, 6/12/2007.

Schnarch, D. (2002). *Resurrecting Sex: Resolving Sexual Problems and Rejuvenating Your Relationship*. Nueva York: Harper Collins.

Stern, R. (2019). *Efecto luz de gas: Detectar y sobrevivir a la manipulación invisible de quienes intentan controlar tu vida.* Malaga: Editorial Sirio.

Sternberg, R. J. (1989) *El triángulo del amor: intimidad, amor y compromiso.* Barcelona: Paidós.

Sternberg, R. J. (2002). *El amor es como una historia.* Barcelona: Paidós.

Taylor, S. A. (2006). *Secrets of attraction: the universal laws of love, sex and romance.* Carlsbad: Hayhouse.

Tennov, D. (1979). *Love and Limerence.* Lanham: Scarborough House.

Villegas, M. (2006). Amor y dependencia en las relaciones de pareja. *Revista de Psicoterapia,* 68, 5-64.

Villegas, M. (2011). *El error de Prometeo. Psico(pato)logía del desarrollo moral.* Barcelona: Herder.

Villegas, M. (2013). *Prometeo en el diván. Psicoterapia del desarrollo moral.* Barcelona: Herder.

Villegas, M. (2015). *El proceso de convertirse en persona autónoma.* Barcelona: Herder.

Villegas, M. (2017). Amores insanos y sexo abusivo en la infancia. *Revista de Psicoterapia,* 106, pp.5-33.

Villegas, M. (2022a). *Diàlegs d'ultratomba. Psicoteràpia amb divuit personatges de la història.* Barcelona: Fragmenta.

Villegas, M. (2022b). *Atrapados en el espejo. El narcisismo y sus modalidades.* Barcelona: Herder.

Villegas, M. y Turco, L. (1999). Un caso de reorientación sexual en el ciclo medio de la vida. *Revista de Psicoterapia,* 40, 75-102.

Villegas, M. y Mallor, P. (2015). Estima ontológica, estima narcisista. *Revista de Psicoterapia,* 26, 3-44.

Villegas M. y Mallor P. (2017). *Parejas a la carta. Las relaciones amorosas en los tiempos posmodernos.* Barcelona: Herder.

Villegas, M. y Mallor. P. (2017). Heidi: Un caso de resiliencia al abuso sexual. *Revista de Psicoterapia,* 106, 87-111.

Wilson, E.O. (1975). *Sociobiology. The new synthesis.* Cambridge: Harvard University Press.